IGS 代表取締役
福原正大

ハーバード、オックスフォード…世界のトップスクールが実践する考える力の磨き方

大和書房

はじめに――日本のエリートに欠けているものとは？

なぜ、近年日本人は世界で認められなくなったのか。

なぜ、日本は世界から後《おく》れを取り始めたのか。

日本のエリートは、どうして世界で活躍できないのか――。

ひとたび世界へ出てみると、こんな疑問を強く感じます。

日本人はもっと世界で認められていいはずなのに……。漠然とそんな不満を覚えている人は大勢いるのではないでしょうか。

言うまでもなく、日本の技術はすばらしい。精緻《せいち》で丈夫なものをつくらせたら、日本の右に出る国など、世界中を探してもそう簡単には見つかりません。

加えて、日本人は勤勉で真面目。思いやりがあり、周囲との調和を大事にするので、一人の人間としてとても信頼されます。

東日本大震災のときは、パニックに陥《おちい》ることなく冷静に対応し、周囲の人たちを気遣う心を忘れないさまが世界中から賞賛を浴びました。

そんな日本人の国民性を愛し、尊敬の念を抱いている人は世界中にたくさんいます。

ところが、ひとたび政治や経済、交渉ごとやビジネスの分野に目を向けてみると、おせじにも「日本人が高く評価されている」とは言えないのが実情です。一部の例外はあるとしても、多くの日本人が世界を舞台にリーダーシップを発揮し、高い存在感を示しているかと言えば、残念ながら「ノー」と言わざるを得ません。

それはいったいなぜでしょうか。

「グローバル人材」に不可欠な力とは？

近年、日本でも「グローバル人材の育成が大事だ」とことさらに主張されるようになりました。

小学生の英語必修化もその一つ。多くの日本人が「世界で活躍できる人材にならなければいけない」という危機感を持っているのでしょう。

たしかに「グローバル人材の育成」は大切。それは私も大賛成です。

しかし、そもそも日本人が「グローバル人材」になるにはいったい何が必要なのか。このことについて、もう少し考える必要があるように思います。

Q グローバル人材になるために、日本人が本当に身につけるべきものとは何か？

もしあなたが文部科学省で働いていて、この問いに答えるとしたら、どんな答えを用意するでしょうか。

そう聞かれて、多くの人が真っ先に思い浮かべるのが語学力でしょう。日本では「グローバル人材＝語学が堪能《たんのう》」という図式が根強く残っています。

グローバル人材として本当に必要なもの。

もちろん語学は必要です。

しかし、語学を身につければ、それで本当に日本人が世界を相手にリーダーシップを発揮し、存在感を高められるでしょうか。

私は違うと思います。

グローバル社会に通用する人材となるためには、確固たる価値観を持っていたり、本物の教養を身につけていることのほうがはるかに重要です。

この点は、世界へ出たことのある人なら、きっと誰もが賛同してくれるのではないでしょうか。

私たち日本人にもっとも欠けていて、もっとも必要なのは「本質的な物事に関して、しっかりと思考し、自分なりの考えを持つこと」。そして、その「ブレない価値観をきちんと主張し、コミュニケーションを図れること」だと私は思います。

言い換えれば、あなた自身の哲学であり、価値観であり、本物の教養を持つこと。

そんな人間としての軸を形成することこそ、グローバル人材への第一歩です。

どんな環境にも対応できる「自分の軸」をつくる

「教養」なんて言葉を使うと、多くの人が「いまさら机上《きじょう》の勉強をしても……」と拒否反応を示します。教養という言葉からイメージされることと言えば、「難解な知識の集合体」「近寄りがたい堅物《かたぶつ》」といったところで、とかく敬遠されがちです。

しかし、そもそも教養とはそんな「敬遠すべき堅物」ではありません。

フランスの有名な政治家エドゥアール・エリオという人は、教養や哲学についてこんなことを言っています。

「それはすべてを忘れたときに残るものであり、すべてを習った後にでも、なお足りないもの」

教養が思考の「核」になる

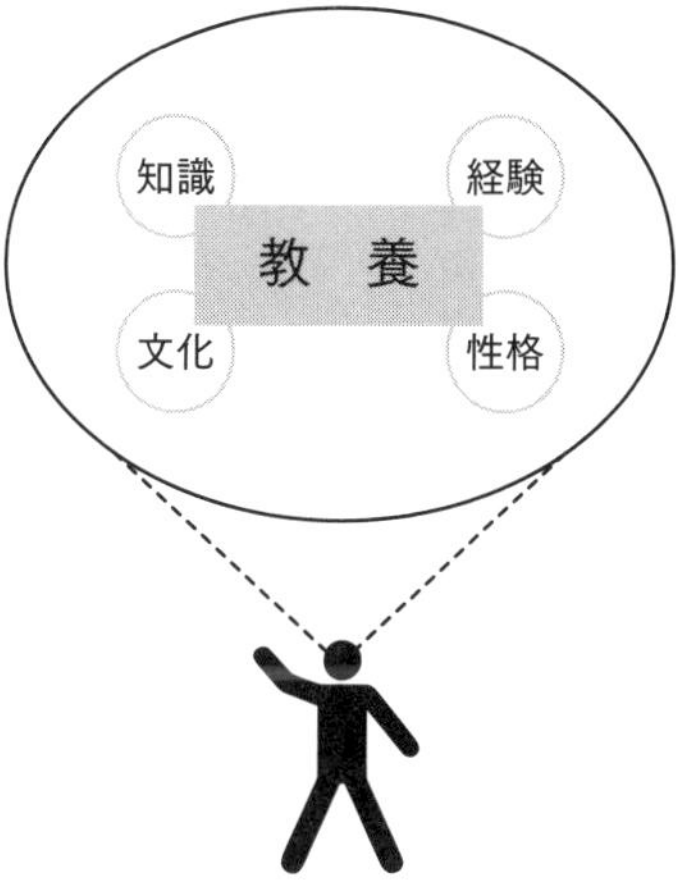

私はこの言葉を聞いたとき「なるほど、たしかに教養とはそういうものだ」といたく感心しました。

いかに豊富な知識を得ても、それを忘れてしまうことはあります。

しかし、すべてを忘れてしまった後にでも、あなたの心に残っている信条や価値観、「あなたという人物を形づくっている軸」が必ずあります。

それが「教養」です。

裏を返せば、どんなにすばらしい知識を学び、経験を積んだとしても、それだけではあなたの血肉にはなりません。

自らの血肉とするには、知識や経験を十分に咀嚼《そしゃく》し、思考し、取捨選択をし、再構成する必要があります。

すなわちそうした時間の積み重ねが「すべてを習った後にでも、なお足りない」部分なのです。

知識はとても大事ですが、それだけでは足りない。

その知識や経験に対して、あなたはどう感じ、どう思考していくのか。

この作業こそが重要です。「知識を蓄える」「それを材料に思考する」という作業をセットにして、ひたすら繰り返していくことで自分の信条や価値観が形成され、あなたの人生を支える大きな武器となっていく。

そんな力があれば、国内はおろか世界のどこに行っても個人として存在感を発揮し、自分の道を切り開いていくことができます。逆にそういった「軸」が自分になければ、いくら膨大《ぼうだい》な知識があっても優秀な人材にはなり得ません。

だから**私は本書のなかで、「ぜひとも知っておいてほしい知識」を紹介しつつ、「ぜひとも考えてほしい問い」を何度もあなたに投げかけます。**

たとえば、本書の第2章では「国家」というテーマを取り上げ、思想家のトマス・ホッブズやジョン・ロックの思想を紹介します。

しかし、「ホッブズやロックが何を言ったのか」を知識としてインプットしてほしいのではありません。

彼らの思想を知ったうえで、あなたは「国家」というものをどう考えるのか。「国家の役割」についてどんな意見を抱くのか。そういったことをじっくりと考えてほしいのです。

世界の名門大学の入試を体験する

私のキャリアについて少しお話ししておくと、私は日本の大学を出てから日本の銀行に入りましたが、企業留学生としてＩＮＳＥＡＤ（欧州経営大学院）、そしてパリのグランゼコールＨＥＣにて経営学や国際金融を学びました。

その後、バークレーズ・グローバル・インベスターズというグローバルカンパニーに入社し、欧米のトップスクールの教授陣で構成されるチームに参加するなどの経験をした後、現在は小中高生を対象に、世界で活躍できるグローバルリーダーを育成するスクールを主《しゅ》宰《さい》しています。

冒頭から「教養」の話を繰り返していますが、私自身が日本の企業から世界に出たときにいちばん痛感したのがこの「教養」の欠如でした。

私のスクールでは、実際に中高生に世界の名門大学に入るための勉強を教えていますが、**海外のトップスクールでは、日本の入試とはまったく違い、知識よりもどこまで深い思考**

ができるかが問われます。

そうした大学では入学してからも豊富な知識を蓄えると同時に、思想や哲学の問題について考え抜くことを通して深い思考力を育む教育が積極的に行われます。まさに教養の授業です。

一方、日本の教育体系のなかで学んできた日本人は知識は豊富ですが、考え、議論する経験に乏しく、「自分で考え、自分なりの意見を構築し、主張する」力がどうしても弱いように思えます。

そこで本書では、さまざまなジャンルの思想家や哲学者の考えを示しながら、「あなたはどう思うのか」という問いかけをしつこいくらいに繰り返していきます。

扱うテーマは「認識」「国家」「自由」「経済」「科学技術と自然」と多岐《たき》にわたり、登場する人物も、ソクラテス、ルネ・デカルト、ジョン・スチュアート・ミル、トマス・ホッブズ、ジョン・ロック、イマヌエル・カント、アダム・スミス、レイチェル・カーソン、岡本太郎などじつに多彩なメンバーです。

オックスフォードやハーバードなど世界有数の大学、フランスのバカロレア（大学入学資格試験）や国連の採用試験などで実際に出題された試験問題を取り上げながら、世界標準の教養について考えていきます。

思考を深める3つのステップ

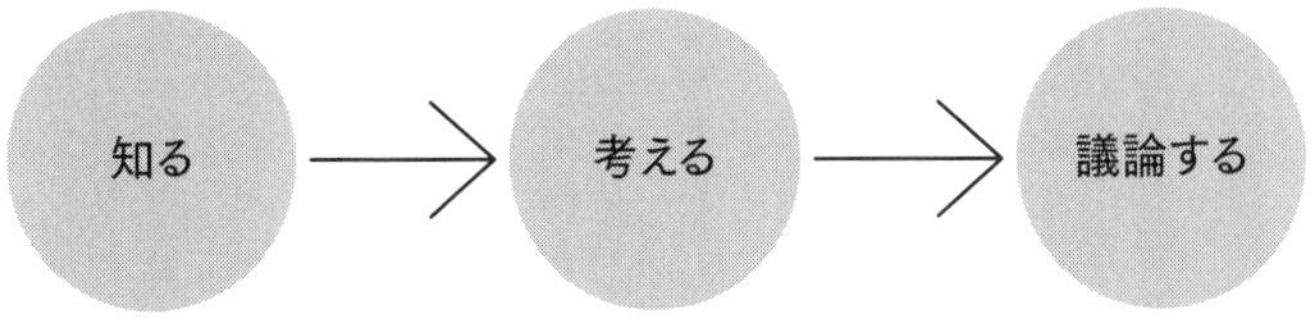

　哲学者たちの主張を学びながら、**あなた自身が世界トップクラスの大学を受験するつもりになって、それぞれのテーマについて深く考えてみてください。**

　そこであなたに感じ取ってほしいのは、「自分とはどういう考えの持ち主であり、何を大切にしている人間なのか」ということです。

　そしてもう一歩進んで、あなたの周囲にいる人たちは「どのように考え、何を大事にする人なのか」を理解することです。

　だからこそ、私があなたに問いかけをした際は、ぜひともそこで立ち止まり、一度は本を閉じ、じっくりと考えてください。

　そしてできれば、あなたの考えをメモにまとめたり、友人や知人、同僚や家族などと意見を交換してください。

そうして一つずつ考えを深めていくことで初めて本物の教養を身につけ、世界で渡り合っていくために必要な思考の軸を形作っていけるはずです。

最後に一つ付け加えておきたいのは、本書はあくまでも知識は〝材料〟として思考力を磨くことを目的においているので、哲学者の思想をわかりやすく言い換えているところがあります。

ですから、本書を読んでさらに思考を深めたくなったという方には、ぜひとも原典を手に取ってほしいと思います。そこにはさらなる気づきがあるでしょう。本書をきっかけとして、さらに気づきを深めていっていただければ著者としてこれに優る喜びはありません。

２０１３年10月

福原正大

ハーバード、オックスフォード…
世界のトップスクールが実践する
考える力の磨き方　目次

第1章 「認識」を磨く

第2章 「国家」を理解する

第3章

「自由」をつかむ

第4章

「経済」を知る

第5章

「科学技術」「自然」観を持つ

第1章

「認識」を磨く

1 「自分は何者なのか」を考える

Q あなた自身（あなたの背景、あなたの考えなど）について書きなさい。

２０１２年ハーバード大学ロースクール入試・小論文問題より

これはハーバード大学のロースクールにおいて、実際に出題された入試問題の一つです。「あなた自身について」書くようにといっても、当然ながら出題者はあなたの名前や出身校といった基本データを知りたいわけではありません。

では、**なぜこんな問いを投げかけるのか**。

じつは、世界の多くの大学やロースクール、ビジネススクールでは「あなたはどんな人間か？」「あなたはいったい何者なのか？」「どんな価値観、信条を持っているのか？」という部分を深く問いたいと考えています。

この問いに決まった答え方はありません。受験者たちは「あなたはいったいどういう人間？」という漠然とした問いに対し、自分なりに分析し、話を組み立て、答え方を工夫し、相手に説明しなければなりません。

このうえなくシンプルなだけに、考えれば考えるほど迷宮にはまってしまう世紀の難題とも言えるでしょう。

「あなたはどんな人間なのか？」

この難題に向き合うにあたり、私は「認識」という一つのキーワードを取り上げてみようと考えました。

「認識」こそ、その人自身を表す大事な要素だと思えるからです。

たとえば、あなたが「自分ってどんな人間だろう？」と自問する際、そこで思考されるのは「あなたは、あなた自身をどんな人間だと思っているのか」ということにほかなりません。

仮にあなたが「私は明るい性格です」と言った場合、それはどこまでが真実で、どこからがあなたの認識なのか。

そんなことを考えてみたことがあるでしょうか。

とても哲学的に響くかもしれませんが、「自分とは何者か」を考える際、この「認識」

という視点がとても大切になってきます。

どんな経験も「フィルター」を通してしか認識できない

ここで一つ考えてみてください。

もし、あなたとまったく同じ経験をした別の人物がこの世にもう一人いるとしたら、いったい彼（彼女）は、いまのあなたと同じ人間になっているでしょうか。同じ価値観、同じ好み、同じ判断基準、同じ優先順位を持つ、まるで精神的なクローンのような人間ができあがっているでしょうか。

おそらく、答えは「ノー」でしょう。

なぜなら、**いかに同じ経験を積んだとしても「それをどう受け止めるか」によって、その価値や意味合い、影響力は大きく変わってしまう**からです。

あなたの経験は「事実と認識」がセットになっているのです。

どんな物事であれ、あなたは自分の「認識」というフィルターを通して理解し、解釈しています。

この先、本書では「国家」「自由」「経済」「科学技術と自然」などさまざまなテーマを

「事実」の受け止め方は人それぞれ

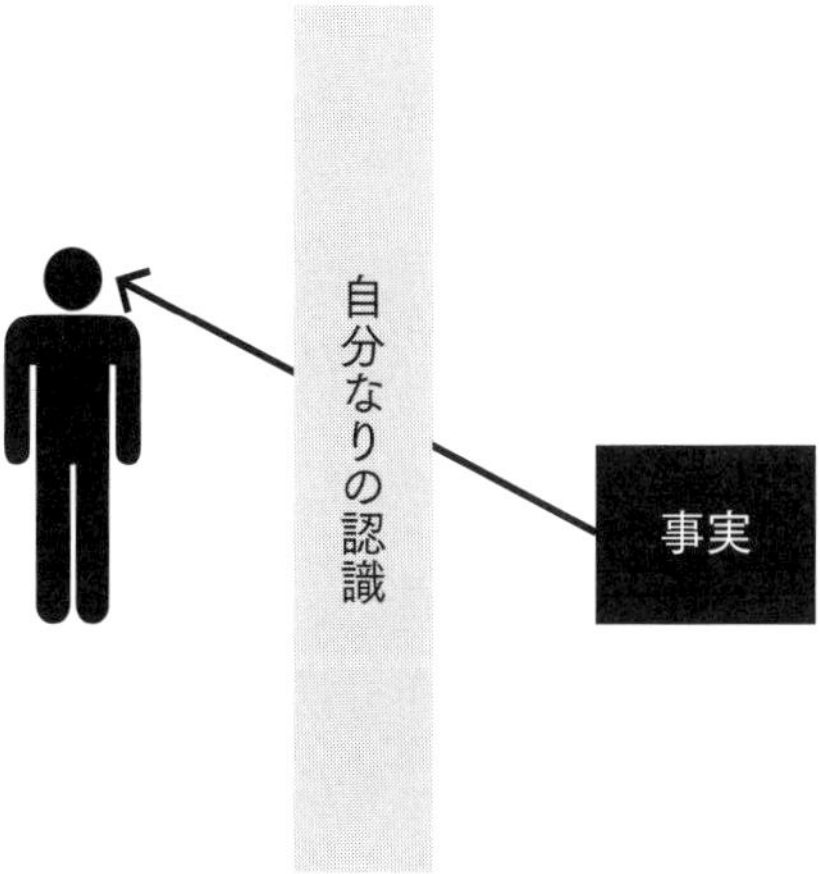

取り上げますが、そのすべての学び（経験や知識）をあなたは、自分なりに認識することになります。

そこで本章では、すべての学びに先立って、「認識」の仕方は人それぞれにどれほど違っているか、そしてあなたという人間は物事をどのように捉えるタイプなのかといったことを扱います。

日本人とギリシャ人では「真実」が変わる

普段、あなたは無意識に、さまざまなことを当たり前のように受け止めているでしょうが、それはあなたの「認識」であって、「事実」や「真理」とは限りません。

まったく同じ経験をしても、まるで違う

受け止め方をしている人は世の中にいくらでもいます。

こんな場面を想像してみてください。


あなたはいま、青信号の横断歩道を歩いています。そこに信号無視をしたダンプカーが突っ込んできて、あなたの目の前を歩いていた人を跳ね、大怪我をさせてしまいました。


あなたはどう思うでしょうか。

おそらく「なんてひどいドライバーなんだ」と思うでしょう。

こんなニュースがインターネットにでも流れたら、多くの日本人がこのドライバーを糾弾《きゅうだん》するはずです。

しかし、これはある友人に聞いた話ですが、ギリシャ人の感覚はけっこう違うようです。ギリシャ人に言わせれば「もちろんダンプの運転手は悪い。でも、気をつけて歩いていなかった歩行者にも責任がある」という感じだそうです。

すべてのギリシャ人がそう感じるわけではないでしょうが、事実その友人は信号が青に変わったタイミングでなにげなく歩き出そうとしたら、隣にいたギリシャ人に「ちょっと待て」と止められ、「もっと気をつけて渡らないと死ぬぞ」と注意されたそうです。

もちろん、そこには歴史、文化、法律、慣習などさまざまな要素が影響しています。しかし、どんな事情や背景があるにせよ「一つの事象に対する認識」というのは国によって、地域によって、立場によって、そして人によって大きく異なることは間違いありません。

あなたが「これは真実だ」「これが当たり前だ」と疑いなく信じていることでも、まるっきり異なる認識を持っている人が世の中には大勢いるのです。

人は同じ情報に対し、どれだけ異なる認識をするものなのか。

そして、あなたは物事をどのように受け止め、認識するタイプなのか。

まさにそれが第1章のテーマです。

2 「確実に知っていること」を突き詰める

認識というテーマを考えるとき、欧米の大学の多くで真っ先に名前があがるのはプラトンの『ソクラテスの弁明』という著書です。

ソクラテスは古代ギリシャの哲学者で、プラトンはその弟子にあたります。どちらも有名な哲学者ですが、ソクラテス自身は著書を残していないので、彼の教えは弟子たちの著述によって今日まで引き継がれています。

その一つがプラトンの書いた『ソクラテスの弁明』。この著書には次のようなエピソードが紹介されています。

私（ソクラテス）は、世界でもっとも賢明だと神から言われた。しかし、私は自分が大きなことにおいても、小さなことにおいても賢明でないことはよくわかっている。ただ神が間違えるはずはないので、私は非常に悩んだ。

このようにソクラテスは自身の苦悩を吐露《とろ》します。

あなたには、このソクラテスの苦悩が想像できるでしょうか。彼は「自分が一番賢い」という神の言葉に疑問を抱きつつも、「しかし、神が間違うわけがない」という思いとの間で悩み、苦しむわけです。

そこでソクラテスは「自分より賢い人を見つけて、その事実を神に伝えてみてはどうか」と考え始めます。

じつに哲学者らしく、確かな反証を見つけ、それを神に伝えるのがもっとも賢明なやり方だろうと思ったのです。

さっそく彼は自分より賢い人を見つけるべく、アテネの政治家で一番の賢者だと思われる人のところへ行きます。そして二人は、善について、美についてなどさまざまなテーマで意見を交わします。

その対話のなかでソクラテスは「**結局のところ、二人とも（本質的には）何も知らないのだ**」という事実を確認します。

あらためて言うまでもなく、ソクラテスは「知の巨人」です。豊富な知識を有し、とてつもなく深い思考力の持ち主で

ソクラテス
（BC469〜BC399）哲学者

もあります。そんなソクラテスでも「結局、私たちは本質的なことを何も知らないのだ」と感じたわけです。

一方、対話相手の政治家は違いました。その政治家は、あたかも何かを知っているかのように自分を信じていたのです。

その違い、認識の差にソクラテスは気づいてしまいます。

その後もソクラテスは多くの賢者のもとを訪ね、さまざまな議論を重ねてみるのですが、いつも結果は同じでした。

そこでソクラテスは「**私は何も知りはしないが、少なくとも知っているとは思っていない。つまり（その分だけ）私のほうが彼らよりも賢明である**」という結論に至ります。「すなわち、神は間違っていなかった」と。

有名な「無知の知」のエピソードです。

ちなみに『ソクラテスの弁明』の中に登場する神は「人間たちよ、人間の中で最大の賢者は、たとえばソクラテスのように、自分の知恵は実際には何の価値もないと悟った者である」と語っています。

おそらくソクラテスは誰にも負けないほどの知識や知恵を有していたと思います。

しかし、神が評価したのは豊富な知識や知恵ではありませんでした。いかなる知識や知恵を有していても、**「自分は無知である」と認識している者こそが賢者**だと神は語ったのです。

じつに興味深い、教訓に満ちた教えではないでしょうか。

それは「本当に知っている」ことにはならない

そもそも私たちは何を知っていて、何を知らないのか。

私は小中高生を対象にグローバル人材を育てる学校を運営し、語学や思想、教養などの授業を行っていますが、「認識」というテーマを取り扱う際、最初に彼らに問いかけるのは「いったいあなたは何を、確実に知っているのだろう？」というものです。

ただ「知っている」のとは違い、「確実に知っている」ことを問うているところがこの質問のポイントです。

「いったい何を確実に知っているのか？」という問いは、自らの知に疑問を差し向け、自身の無知や不明を知る大事な問いではないでしょうか。

Q 自分は何を確実に知っているのか?

あなたには「これは確実に知っている」と断言できるものがあるでしょうか。

あるとすればそれはいったい何でしょうか。ここで一度、じっくり考えてみてください。

この問いに対して、私のクラスのある生徒は「目に見えるもの、手で触れられるものは確実に知っている」と答えました。

そこで私が「それはたとえばどういうもの?」と質問してみると、彼女は机の上にあったノートパソコンを指さし「これがパソコンだということを私は確実に知っています」と言いました。

なるほど、たしかにそうかもしれません。

さらに、私はもう一歩踏み込んで「では、パソコンっていったい何なのだろう?」と問いかけます。机の上にある物体がパソコンだと言い切るならば、「パソコンとは何か」という部分も説明できるはず。**パソコンが何かも知らず「これはパソコンである」と言い切ることはできない**からです。

ところが、この「パソコンとは何か?」という問いかけをしたところで、クラスは紛《ふん》糾《きゅう》しました。「超高速で計算できる装置だ」と言う人もいれば、「メールやインターネットができる機械」「さまざまなアプリケーションを動かす本体」と言う人もいる。「ディスプレイと本体とキーボードでできた情報処理マシン」と外観から説明する人もいました。するど、今度は別の生徒から「じゃあ、iPadはパソコンじゃないの?」「スマホだってパソコンの一種と言えるんじゃないか」などさまざまな意見が飛び出しました。

もちろん、そのすべてが間違いではありません。

しかし、それらの意見はどれをとっても個人的な認識の域を出ず、パソコンという存在自体を確実に言い表しているとも言えません。

これが「確実に知っている」という命題のむずかしいところです。

いかに日常的にパソコンを使用し、内部の構造に精通し、何なら自分で組み立てられるほどの人でも、パソコンという存在をずばり言い表すことは決して簡単ではないのです。『ソクラテスの弁明』に登場する神の言葉を借りるならば「**しょせん、それは何の価値も持たない知識**」なのかもしれません。

ただし誤解しないでください。

私は何もソクラテスを引き合いに出して、「知識や経験は無意味だ」と言っているのではありません。むしろ、知識や経験は大いに価値あるものだと考えています。

しかし、こと「認識」というテーマで物事を考えていく際には、「私が確実に知っていることって何だろう?」と自問し、「普段、自分が当たり前だと思っていること」に対して厳しく疑問の目を向けることが必要なのです。

たとえば、世界中の多くの人が「レディ・ガガ」を知っています。

しかし、それはレディ・ガガの顔や形を知っていたり、生い立ちを知っていたり、歌を知っているということであって、レディ・ガガのことを本当に知っていると言えるのでしょうか。あるいは、あなたの認識しているレディ・ガガと、隣にいる別の誰かが知っているレディ・ガガとは同じものでしょうか。

そうやってあらゆるものに疑いの目を向けてみると「**真実はどこにあるのか**」という究極の問いにぶつかります。そして世の中は「わからないもの」だらけになってしまいます。

しかし、それこそが「認識」というテーマを考え始める出発点です。

世の中に溢《あふ》れている「わからないもの」を、どうしたら本質的に「わかる」ことができるのか。

世界のすべてに疑問の目を向けつつ、そんな究極的な難問にトライしたのが、次の項で紹介するルネ・デカルトという哲学者です。

3 4つのステップで真偽を見極める

ルネ・デカルトは17世紀に活躍したフランスの哲学者であり、数学者。有名な「我思う、故に我あり」という言葉を残した、近代哲学の父とも言われる人物です。

やや乱暴に、わかりやすく言ってしまえば、彼はバリバリの理系人間で、少しでも疑いのあるものはすべて排除し、可能な限り合理的なアプローチによって「本物と偽物」を区別しようと試みました。

世界のトップスクールでは、合理的思考を身につけるための入り口として、デカルト的アプローチについては必ず学びます。

ここまで本章では「私たちは何を知っていて、何を知らないのか」「いったい何が真実なのか」という難題に向き合っていますが、**デカルトは『方法序説』という著書のなかで「こうすれば物事の真偽が確かめられる」という方法を紹介しています。**

「確実にわかること」を積み重ねていく

デカルトによると、物事の真偽を見極めるために必要なのは次の4つのステップです。

第1ステップは、「**とにかく疑うこと**」。

すべてはここからスタートします。

たとえば、あなたの目の前にコップが置いてあったとしたら、誰もが疑いなく「これはコップだ」と思うでしょう。

しかし、その先入観と即断はいけないとデカルトは説きます。どんなものであれ、それが確実に「コップである」と証明されるまでは「これは本当にコップなのか？」と疑いの目を向ける。それが最初のステップです。

そうやってあなたの周囲を見渡してみると、確実に証明されているものがいかに少ないかがわかるでしょう。

続く第2ステップは、「**徹底して細分化すること**」です。

すでに例示した「パソコンとは何か」について考えるなら、その機能やパーツ、どこで、どんなふうに使うのかなど、あ

ルネ・デカルト
（1596〜1650）哲学者・数学者

らゆる要素を細分化して考えていくというアプローチです。

よく経営コンサルタントが会社の問題点を洗い出す際、部門別の課題、人員の配置、作業工程、人の動線、コスト管理、コミュニケーション、指示系統などさまざまな要素をバラバラにして検証しますが、あれは言わばデカルト的手法です。物事をバラバラにしなければ、真偽は見えてこないという発想です。

そして第3のステップは、細分化したものを「**単純なものから複雑なものへと段階を追って考察していくこと**」です。

いきなり複雑な要素について考えるのではなく、「これはわかる」「これは間違いない」という単純なものから着手して確実に思考を積み重ねる。そうやって疑いの余地のない積み木を積んでいき、真理の高みへ到達しようというアプローチです。

最後の第4ステップは、「**漏れがないように見直すこと**」です。どんな工程にも常に落とし穴が潜んでいるので、その穴を塞《ふさ》ぐべく、最後にもう一度徹底的にチェックする。マッキンゼーのコンサルタントなどが「MECE（Mutually Exclusive & Collectively Exhaustive）」と言っていることです。マッキンゼーで大切にされていることはすでに哲学書で語られているのです。

この4つのステップを踏んでもなお「確かである」と残ったものは、それは本物である

物事の真偽を見極める4つのステップ

1 とにかく疑う

2 徹底して細分化する

3 単純なものから複雑なものへと考察を進めていく

4 漏れがないように見直す

とデカルトは考えたわけです。

デカルト的アプローチをどう感じるか？

デカルトの主張について、あなたはどう感じるでしょうか。

彼の主張を「正しい、間違っている」と決めつけてしまう前に、あなた自身はデカルト的な思考プロセスをどのように感じ、認識したでしょうか。ぜひともそこに注目してみてください。

あらゆる物事に疑いの目を向け、即断を避ける。その上で細分化して、順序立てて検証する。そして最後に漏れがないかを徹底的にチェックする。

この段階を踏むことで物事の真理を究明

できると、あなたは感じたでしょうか。

感じ方は人それぞれなので「デカルト的アプローチによって真理は究明できる」と考える人もいれば、「なんとなく違和感が残る」と感覚的に拒否反応を示す人もいるでしょう。それが当たり前です。

事実、過去の哲学者、思想家、科学者などのなかにもデカルト的アプローチを支持する人もいれば、真っ向から否定する人もいます。

その感じ方、認識のスタイルこそが、あなたという人物を形づくる重要な要素です。

分類的な言い方をするならば、あなたの認識の仕方は、より「アナリティック（分析的）」なのか、より「ホリスティック（全体的）」なのか。

そんな尺度で考えることが可能です。

言うまでもなく、デカルトのアプローチはかなりアナリティックです。細かく分析をして、その確かな積み重ねによって物事がわかる。そう信じている立場からの主張にほかなりません。

パソコンを例に出すなら、そのパーツや使い勝手、機能などを徹底的に細分化して分析する。そして、その検証結果の集合体がパソコンという物体だと考える。これがデカルト的な認識です。

なお、デカルトはすべての物事に疑いの目を向けることからスタートしているので、**「自分」という存在にも否定的な視点から入っていきます。**「自分は本当に存在していると言えるのか？」と自分自身の存在にさえ疑問の目を向けたのです。

しかし、自分の存在そのものを否定してしまったら、「自分の存在を否定する」と思考しているこの存在はいったい何なのか。そんな矛盾が生じてしまいます。

そこで彼は「この思考している自分というのは、紛《まぎ》れもなく存在している」という確かな認識を得て「我思う、故に我あり」と言ったわけです。

じつにアナリティックに、自分の存在を証明してみせた言葉なのです。

4 「分解してもわかり得ないもの」を捉える

デカルトのアナリティックな視点を紹介した次は、まったく逆のホリスティックな視点を取り上げたいと思います。

細かく分析することによって何かをわかろうとするのではなく、より広く、大きく捉えなければ物事の本質なんてわからない。そんな立場です。

古代中国の哲学者である老子はアジアのみならず、欧米の大学でもその思想が広く学ばれていますが、彼は「道（タオ）とは何か」という教えのなかで、こんなことを言っています。

美しいと汚いは別々にあるんじゃない。美しいものは、汚いものがあるから美しいと呼ばれるんだ。善悪だってそう。善は、悪があるから善と呼ばれる。悪のあるおかげで善がある。ものが「在る」のも「無い」があるからこそ「在る」と言える。お互いに片一方だけでは決して存在し得ないんだ。

このように老子は、両側面の存在を見つめることの大切さ、大局観の重要性を私たちに伝えています。

たとえば、ここにおいしい料理があるとします。

その料理の「おいしさ」を認識する際、「味付けはどうか」「素材は何か」「焼き加減はどうか」とどんどん細分化し、物事を突き詰めていこうというのがデカルト的なアナリティック・ビューだとしたら、もっと物事を引いて眺めて、食事をしている環境や相手、そのときの雰囲気なども含め、より総括的になることで本質を捉えようとするのがホリスティック・ビューだと言えます。

Q あなたはアナリティックな人間ですか？　それともホリスティックな人間ですか？

なかなか興味深い視点ではないでしょうか。そんな尺度で自分や他人を見直してみるのもおもしろいと思います。

「認識の差」を理解しなければ議論にならない

このアナリティック、ホリスティックという視点は「西洋的」と「東洋的」と捉えることもできます。

顕著な例を挙げるとすれば、医療分野がとてもわかりやすいでしょう。

病気にかかった際、問題の個所を突き止め、その部分を局所的に治療するのが西洋的な医学の基本。まさに分析的なアプローチです。

一方、体全体の治癒力を高めたり、バランスを整えたりすることで体調を良くしていこうというのが東洋医学のアプローチ。

現代では東洋でも西洋医学を取り入れていますし、西洋でも東洋医学が使われています。その意味で西洋、東洋の区別はなくなってきているのですが、国の内外を問わず、さまざまな人と交流する際に「この人はどんな認識スタイルを持っているのだろう」「西洋的（アナリティック）かな、東洋的（ホリスティック）かな」と考えることは意外に重要です。

老子
（BC6世紀頃）哲学者

視点の違いを意識する

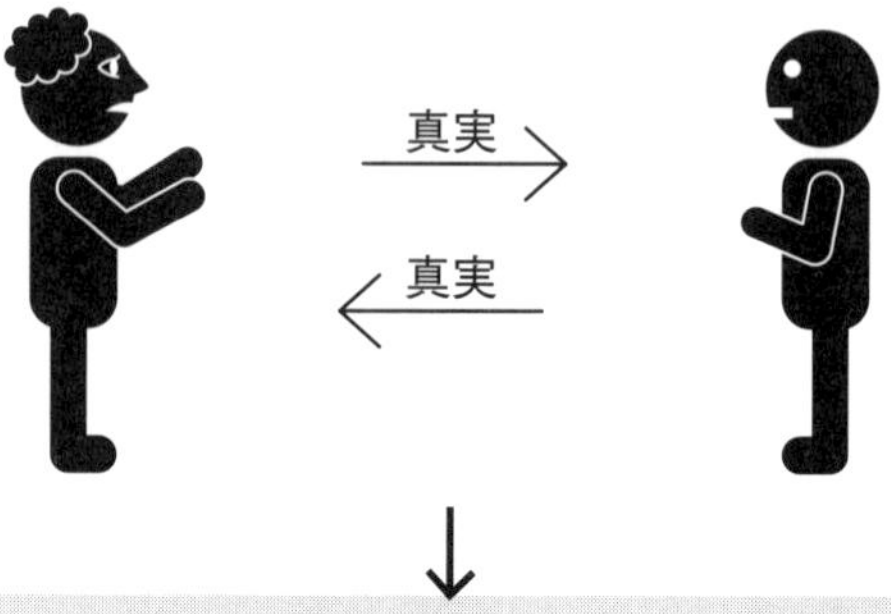

「認識の差」に気づかれなければ
生産的な議論はできない

国籍や考え方が異なる人たちが集まって会議をしていると、この認識の差が大きな問題になることがよくあります。

「アナリティックになることで物事の真理が判明する」と考えている人に、いくらホリスティックな話をしても議論は平行線を辿るばかりです。

アナリティックな人にはアナリティックな人なりの真実があり、ホリスティックな人にはホリスティックな人にしか理解し得ない真実がある。

まずはお互いが「視点、認識に差がある」ということを理解したうえで、話し合いを進めていく必要があるのです。

そんな建設的な話し合いをするためにも、**まずは「あなた自身がどんな認識スタイル**

（あるいは傾向）を持っているのか」を知る必要があります。

アナリティックな側面が強いのか、あるいは、ホリスティックなほうが自分なりにピンとくるのか。これもまた「あなたはどんな人間なのか？」という問いに答える重要な要素になるのではないでしょうか。

ちなみに、私の学校に来ている日本人の高校生たちに「デカルト的な考え方」と「老子的な思考」を示し、「どちらが自分の認識に近い？」と尋ねてみると、老子のようなホリスティックな視点がけっこう支持されました。

やはりそこは東洋人らしい感覚で「細分化し綿密に分析してもなお、つかみきれない何か」というものを敏感に感じ取っているのかもしれません。

人にはそれぞれ「黄身」と「白身」がある

老子に加えてもう一人、生命関係学の専門家であり、薬学博士としても東京大学で教えていた清水博の主張をここで紹介しておきましょう。

彼は『場の思想』という著書のなかで、自分という存在を

清水博
（1932〜）科学者

「自己」には柔軟な部分と簡単には混ざり合わない部分がある

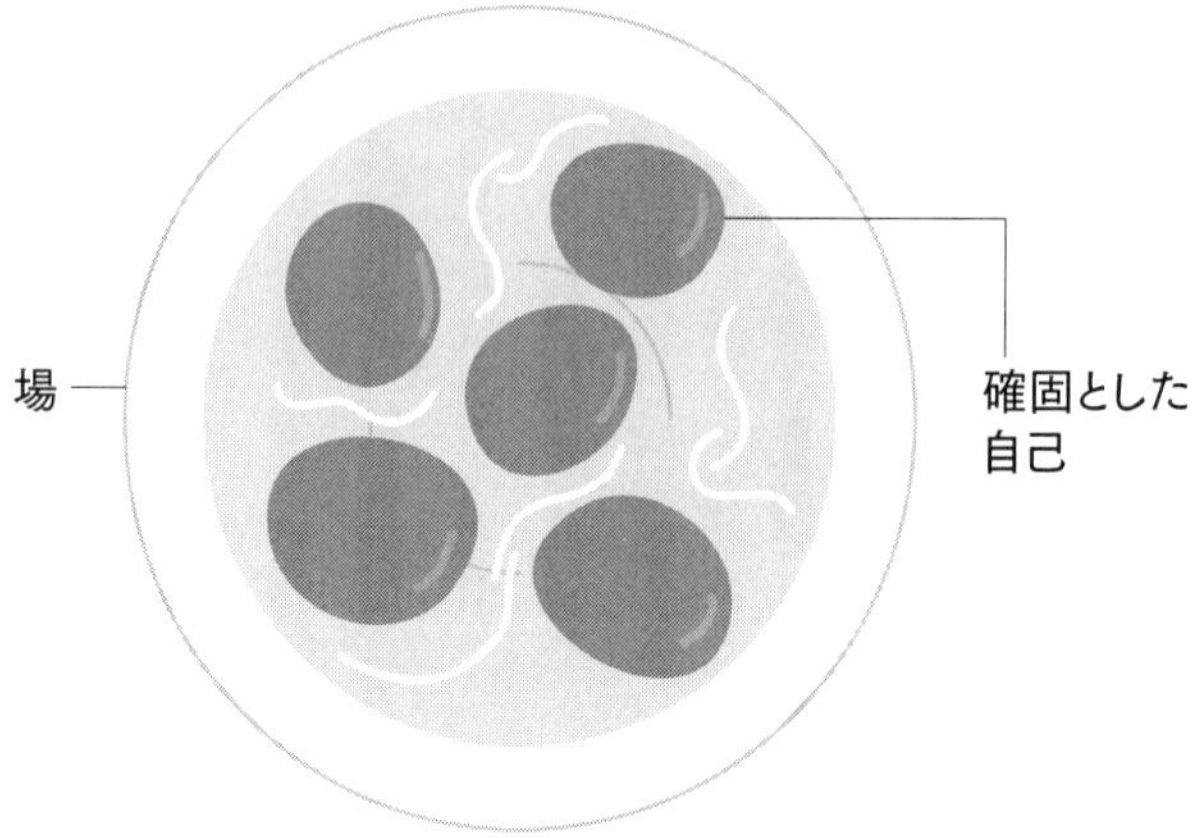

考える際に「自分そのもの」だけでなく、自分が属している「場」についても考えることの重要性を説いています。

たとえば、あなたはいま、何かしらのグループに属しているでしょう。職場や学校、友だち同士のグループ、家族などです。そのグループ、場というものを考えなければ、自分という存在は説明できないと清水博は語ります。

これもまた老子とは違う意味で、ホリスティックな視点と言えるでしょう。

清水博はこの「場」と「自分」という関係を、卵の白身と黄身を例に、とても巧みに説明しています。

本来、自己というのは二重構造になっていて「他者と簡単には混ざり合わない確固

たる部分」と「他者と混ざり合うことで柔軟に形を変えていく部分」とがある。

それはちょうど卵の黄身と白身のようなものだと彼は表現します。

複数の人が存在している「場」というのは、言ってみれば卵を割るためのボウルであり、一人ひとりはそこに割られた卵である。卵を割ると、白身同士は他者と混ざり合い、他者との境界線はわからなくなってしまう。

しかし、黄身は決して混ざることなく、ボウルのなかで、識別可能な状態で存在し続ける。この黄身と白身の双方が自己というものを形成している、というのが清水博の考えです。

Q あなた自身の「黄身」と「白身」には何があるでしょうか？

あなたはどういった「場」に属しているでしょうか。

きっとあなたにも、決して他者とは混ざらない黄身の部分と、周囲と混ざり合い、影響し合うことによって柔軟に形を変える白身の部分があるはずです。

「自分は何者か」を考えるなら、卵の黄身だけでなく、場によって形を変える白身の部分も考慮しなければ、「あなたという存在」を説明することはできないのです。

5 「自分」と「組織」の関係を見つめ直す

「黄身と白身」の話に続いて、「個人と集団」というテーマについて考えてみたいと思います。

清水博の主張する「白身が混じり合って、その場が形成される」という感覚は、私たち日本人にはとても理解しやすいものではないでしょうか。

たしかに個人というものはある。でもそれは常に完璧に独立しているものではなく、人と交わることで形を変えていく部分も大いにある。そんな感覚は、ある意味とても日本人らしいものです。

さらに、清水博は「**同じボウルの中に割られ、白身を共有することになった卵（個人）は『我』という意識から『我々』という意識に変わっていく**」とも述べています。

白身を共有している集合体は、単なる個人の集まりというだけでなく、そのグループ自体が一つの結合体として意識され、「私たち」という感覚が生まれる。そう彼は主張しているのです。

よく言われることですが、日本人は「自分は集団の一員である」という認識が強いものです。反対に、海外の人たちは「自分は独立した存在だ」という感覚を色濃く持っています。

以前、あるフランス人のスピーチを聴いていたら、日本人は当たり前のように「私は山田太郎です」とファミリーネームを先に言って個人の名前を後に言うが、その言い方にはとても違和感があると話していました。たしかにフランス人にしろ、アメリカ人にしろ「ジョージ・ワシントン」という感じで、名前を先に言うのが当たり前です。

家族が先にきて、自分が後にくるか。自分が先にあって、家族が後にくるか。

ちょっとしたことですが、こんなところにも「自己認識の差」が表れているのかもしれません。

存在の起点を個人に置いているのか、集団に置いているのか。これもなかなか興味深い視点です。

日本人は「○○に属している△△です」という言い方をよくします。仕事で誰かと出会った際は、ごく自然に「はじめまして、○○銀行の福原です」という言い方をします。「私は福原です。○○銀行に勤めています」と言う人はなかなかいないでしょう。

さらに、この「私は福原です」という言い方すら、欧米では違和感を与えることがあります。「福原というのは家族の名前であって、おまえの名前は正大だろう」というのが彼らの言い分。そのくらい日本人と欧米人では感覚が違うのです。

日本の文化のなかでは「まずグループがあり、その上で個人がある」という順番が自然にまかり通っていますが、決してそれが世界のスタンダードではありません。

さらに言えば、清水博が指摘する「グループと自己の存在を同一視しがち」というのも日本人特有の傾向かもしれません。

私たちはよく「うちの会社では……」という言い方をしますが、これは海外ではまず聞かない表現です。彼らは、自分の会社を「うちの会社」とは言わず、「マッキンゼーでは」「GMでは」という言い方をします。

こんな言い方からも「自分と会社は別の存在だ」「独立した、対等の関係だ」という認識が透けて見えます。

彼らにしてみれば、自我が混ざり合う「自身の部分」よりも「自分と他者の境界線」に対する意識のほうが強いのかもしれません。これもまた大きな認識の差です。

あなたの信念は「無価値」かもしれない

とくに海外で仕事をする際には、そんな認識の違いを理解し、意識しておくことがとても重要です。

彼らは「会社と個人」の境界線もクリアならば、「仕事とプライベート」の切り分けも、私たち日本人よりもかなりきっちりしています。

私自身、過去にこんな経験をしたことがあります。

当時、私はあるオランダ人とビジネスをしていたのですが、彼とはけっこう親しくしていて、個人的に食事に行ったり、飲みに行ったりしていました。仕事でもプライベートでも仲良くしていたのです。

ところがあるとき、ビジネスの現場で彼にとんでもなく冷たい仕打ちをされました。ありていな言い方をすれば、彼は私を半ば騙すようなかたちで自らのビジネスを成功させたのです。

私は腹を立てましたし寂しい気持ちにもなりました。人間として彼を信用していただけに、裏切られたような気がしたのです。

ところが彼にしてみれば「仕事は仕事、プライベートはプライベート」と完全に割り切っていたようです。

そして驚いたことに、そんな仕打ちをした後でも、彼は何事もなかったかのように私を食事に誘ってきます。

「あれは単に仕事上の出来事だろう。プライベートはこれまで通り楽しくやろうぜ」ということのようなのです。

日本人的な感覚で言えば「とんでもない、そんなやつと楽しく食事なんかできるか」というところですが、これこそ認識の差。彼が悪い人間だとか良い人間だとか、そういう話ではありません。個人とか、会社とか、ビジネスとか、プライベートとか、**そういった一つひとつの捉え方がまるっきり違うのです。**

それは民族や国籍によるものかもしれませんし、同じ文化の中でも個人差が多いにあるはずです。

いずれにしても、「あなたが信じているもの」は、あくまでもあなたの認識をベースにしたものであり、世間一般で通用する真理とは限らないということです。

あなたが「正しい」と思っていることは、揺るぎない真理として「正しい」のではなく、

「あなたが正しいと思っている」に過ぎません。その真理と認識のギャップは、個人でも集団でも起こってきます。

まずはあなたの認識を疑ってみてください。

あなたが正しいと思っていることは、もしかしたらまるっきり間違っているかもしれませんし、まるで無価値かもしれません。あるいは、あなたのすぐ隣にいる人は、まったく違う認識をして、まるで異なる信条を持ち、決断し行動しているかもしれません。

それが「認識」の難しいところであり、おもしろいところでもあります。

もちろん、すべての人の認識の仕方を把握《はあく》し、理解することなど不可能です。

でも、せめて「自分はどんな認識の仕方をするのか」を考え、「他人はまったく違う認識をしているかもしれない」という事実を知っておくことは、とても価値があると私は思います。

practice

自分の「認識スタイル」を知る

第1章最後の項では「あなたのアナリティック度、ホリスティック度をテストする」という演習をやってみましょう。

アメリカ、中国、インド、韓国、日本の大学が共同で「**文化の違いによって、どのくらい認知スタイルに差があるのか**」という研究を実施したデータがあります。その研究のすべてをここで紹介することはできませんが、その一部を取り上げるのでぜひチェックしてみてください。

このチェックによって「自分がどのくらいアナリティックなのか、ホリスティックなのか」を検証することができます。

チェック方法はいたって簡単。よくある心理テストの要領で、以下の質問について自分なりに7段階（まったく同意できなければ1、強く同意できるならば7）に分けて答えてください。

ではスタートです。

1 いま現在正直な人は、将来においても正直である。
2 この宇宙のすべてのものは、なんらかの形で互いにつながっている。
3 人の行動を理解するには、その人の性格だけでなく、その人が直面している状況も考慮しなければならない。
4 現在、成功した人生を送っている人は、今後も順調に生き続ける。
5 全体は各部分を足したものよりも大きいものである。
6 将来の出来事は、現状に基づいて予測可能である。
7 複数の人間の間で意見の不一致がある場合は、互いに譲歩し、みんなの意見を取り入れる方法を探すべきだ。
8 極端に走るよりも中立的な立場を取るほうが望ましい。
9 全体像を考慮せずに、部分を理解することは不可能だ。
10 ディテール（細部）よりも全体の流れに注意を向けるほうが重要だ。

さあ、あなたはどんな数値になったでしょうか。

合計の点が40よりも高ければあなたの認識スタイルはホリスティック寄り、低ければ低いほどアナリティック寄りということになります。

このテストだけで人の本質を見極められるものではありませんが、欧米ではよりアナリティックな人が多く、日本を含めアジアではよりホリスティックな人が多いと言われています。

それぞれについて見ていくと、たとえば質問の5番「全体は各部分を足したものよりも大きいものである」という問いに賛同できる人は、いかにもホリスティックな思考の持ち主だと言えそうです。

言い換えるなら、**「1＋1」が「2以上になる」という発想**ですから、アナリティックな人には考えられない解釈です。しかし、人とのつながり、調和を大事にする日本人にしてみれば「1＋1が2以上の価値を生み出す」というのは比較的受け入れやすい感覚ではないでしょうか。

また、質問の8番「極端に走るよりも中立的な立場を取るほうが望ましい」というのもなかなか興味深い問いです。

この問いに高得点（同意の度合いが高い）をつけた人は、協調性が高く、全体の調和をとても大事にする人なのでしょう。しかしその一方で「グループの中での存在感が薄れていく」というリスクを背負っているとも言えます。

このテストは「ホリスティックが良い」とか「アナリティックが悪い」などの評価を下すものではありません。もともとは文化的、地域的な差によって「認識の仕方」がどのように変わるかを調べた研究であり、それをここで引用したのは、あなた自身のアナリティック度、ホリスティック度を知るきっかけとしてほしいからです。

たとえば、あなたの職場にも、まったく意見がかみ合わない人が一人や二人いるでしょう。性格的な不一致というより、「仕事に対する考え方」がまったく相容《あいい》れないというタイプです。

そんな**相手とあなたとの間には認識スタイルに大きな差があって、その溝が埋められずにいるのかもしれません**。

それがわかったからといって、即座に関係が改善されるわけではないでしょうが、お互いが「こんなにものの感じ方、認識の仕方が違うんだ」ということを理解できれば、そこから始まるコミュニケーションもきっとあるはずです。

世界へ出て、価値観や生育環境がまったく違う人たちに囲まれたら、まさにそんなコミュニケーションの連続です。ぜひ試しに、この演習を身近な人とやってみてください。意外な共通点や相違点が発見できておもしろいと思います。

column

ハーバードの新入生がやらされる「ゲーム」

ハーバード大学では、新たに寮に入ってきた新入生同士で「犯人当てゲーム」をする慣習があります。ごく簡単に言えば、「20人のグループの中に2人の真犯人がいて、話し合いによってその真犯人を見つけていく」というゲームです。

それぞれの人が推理を披露しながら、何度か多数決を取ってそのたびに「真犯人」と思う人を退場させていきます。最終的に犯人が生き残るのか、あるいは無実の人たちが無事に「真犯人」を見つけられるのかを競います。この「犯人当てゲーム」に似たゲームはいくつかあるので、知っている人も多いのではないでしょうか。

じつは、私のクラスでも「犯人当てゲーム」を毎年やるのですが、これがものすごく白熱します。ゲーム中、話し合いで犯人を探していく際、当然犯人は「自分は犯人ではない」「あいつが疑わしい」としきりに嘘をつきます。しかし、各プレイヤーは誰が犯人なのかを知らないので、「誰が真実を語り、誰が嘘をついているのか」がわかりません。

そんな状況のなかで、**それぞれのプレイヤーは何を見て、何を根拠に犯人を断定していく**

のか。この部分に「それぞれの認識スタイル」が見えて、とてもおもしろいのです。

私のクラスでは、女子のほうが細かい仕草や表情をよく見ていて、真犯人が見せるちょっとした目の動き、心の動揺を見抜くのに長《た》けていました。やはり女子の目はごまかせない、というわけです。

その一方で、女子たちには「周囲に影響されやすい」「周りに同調しやすい」という傾向も見受けられ、「この人が怪しいんじゃないか」という空気が一度できてしまうと、みんなでその方向に突き進んでしまいます。集団心理に影響を受けやすいのです。

その点、男子は比較的周囲に影響されにくく、自らの判断を大事にする傾向が見受けられました。しかし、そんな男子たちには、やや権威主義的なところがあり、「こいつがこう言うなら、間違いないんじゃないか」という思考に陥《おちい》る傾向がありました。

さらに、このゲームに外国人が入ってくると雰囲気は一変します。

これまで私がつきあってきたアメリカ人、フランス人などの多くは、あまり人の顔色に左右されません。日本人は相手の顔色をうかがうところがありますが、彼らはまったく違いました。彼らにとってポーカーフェイスをつくるのは日常茶飯事。ちょっと驚嘆するくらい涼しい顔で嘘をつきます。

何を見るかは人により違う

だから**彼らは、最初から相手の表情なんてろくに信用していない**のです。これもまた興味深い傾向です。

あくまでもゲームの中の話ですが、この「犯人当てゲーム」をやると、外部から与えられる情報を、それぞれの人がどのように受け止め、影響を受けているのかが垣間見《かいまみ》えておもしろいのです。

あなたはどんな情報に注目し、どんな解釈をして、どんな影響を受けながら、自分なりの結論に辿り着くのか。そしてあなた以外のプレイヤーは何に影響を受けているのか。

そんなことを意識しながら、ぜひ一度仲間うちで「犯人当てゲーム」をやってみてください。盛り上がりますよ。

第2章

「国家」を理解する

1 国家を「空気」のように考えることをやめる

Q 国家間の戦争より、国家内の争いが多くなった理由を考えなさい。

2004年国連職員採用競争試験問題より

これは国連スタッフになるための入試で、2004年に実際に出された問題です。

個人の「国家観」や「戦争観」のようなものを広く、深く問う問題となっています。

国家間の戦争より、国家内の争いが多くなった理由。

あなたはこの問いにどんな考えを持ち、どのように論理を組み立て、答えるでしょうか。

出題者も「これが唯一無二の正しい理由だ」なんてものを持ち合わせているのではなく、受験者一人ひとりの考え方や価値観を知りたいと思っているわけです。

国連が出題する通り、たしかに現代は国家間の戦争より国家内の争いが多くなっていると言えます。

20世紀は「戦争の世紀」とも言われるほど、国家の対立による戦争が頻繁に起こっていた時代でした。第一次世界大戦、第二次世界大戦は言うに及ばず、その後に起こった朝鮮戦争、ベトナム戦争も、ある意味では「国家間の戦争」(米ソの代理戦争)と捉えることができるかもしれません。

この捉え方一つとっても「国連の入試問題」に対する答え方は大きく違ってくるでしょう。

たとえば、あなたが旧ソ連とアメリカの対立構造によって国家間の戦争が激化してきたと考えるなら、朝鮮戦争もベトナム戦争も国家間の戦争と捉えることが可能でしょうし、旧ソ連が崩壊したことで、いわゆる西側と東側という対立構造が崩れ、世界における「戦争の形」が大きく様変わりしたと言えるかもしれません。

あるいは、この米ソの対立をイデオロギーの対立という切り口で考えるなら、また違った論点が浮上してきます。

たしかに、冷戦時代は米ソを代表とするイデオロギーの対立が顕著でした。

では、冷戦構造がなくなったいま、イデオロギーの対立も一緒になくなったのでしょうか。ここは考えどころです。冷戦構造が崩壊し、米ソという国家間の対立がなくなったことで、イデオロギーの対立もなくなったと言う専門家もいます。

その一方で、イデオロギーの対立は依然として存在していて、その対立が「国対国」ではなく、地域や文明という枠組みに取って代わられただけだと分析する学者もいます。これもまた議論が白熱する争点です。

なぜ政府は「テロリストとは交渉しない」と言うのか?

さらに視点を変えて、国内紛争という部分に注目するなら、旧ユーゴスラビアが崩壊し、6つの国に分かれるなど、「国家内の争い」が国の形やあり方を大きく変えてしまった例も数多くあります。

この国家分裂に注目するのも一つの大事な視点でしょう。

あるいは、いまや世界の戦争は「テロとの戦い」という印象が強くなっているようにも感じられます。**「国と国」ではなく「国とテロ組織」という対立**。この対立構造が複雑かつ深刻な問題を引き起こしていることも見逃せません。

テロ事件が起こった際、国や政府の代表が「テロリストとは交渉しない」という発言をよくしますが、なぜ国は「テロリストとは交渉しない」と言うのでしょうか。そこにはさまざまな意見、立場、主義主張が存在するでしょうが、そもそも国とはどんな役割を担い、何を優先し、何を守っているのでしょうか。

そんな根本的な問いについても考えてみたくなります。


冒頭に挙げた国連の入試問題は単なる「一つの問い」でありながら、じつにさまざまな問題へと広がっていき、あなた自身が「国家」というものをどう捉え、どう考え、どう判断するのかという部分にまで及びます。

いったいなぜこの世界の争いは「国家間の戦争」から「国家内の争い」「国家の分裂、独立」「テロとの戦い」というように形を変えるようになったのか。

そんなさまざまな視点、価値観、考え方を国連の入試問題は広く問うているのです。

国は「当たり前の存在」ではない

今度は切り口を変えて、もう少し身近な、あなた自身の話をしてみましょう。

海外へ行くとよく「あなたは何人《なにじん》ですか?」と聞かれます。海外旅行や留学の経験がある人なら「Are you Chinese?」「No, I'm Japanese.」なんて会話を一度くらいしたことがあるでしょう。他愛もない会話です。あなたが日本人なら、迷うことなく「私は日本人です」と答えるわけです。

では「**なぜ、あなたは日本人なのですか？**」と尋ねられたらどうでしょう。

そんな質問をされることは滅多にありませんが、もし聞かれたとしたら、きっとあなたは「日本という国で生まれ、育ったから」とか「日本の国籍を持っているから」などの理由を挙げて、自分が日本人であることを説明するのではないでしょうか。

では、もう一つさらにつっこんだ質問をしてみましょう。

Q あなたの言う「日本」とは、「国家」とはいったい何でしょうか？

さあ、あなたはどう答えますか。

この問いにすらすら答えられる人は、あまりいないのではないでしょうか。「日本とは何か」「国家とは何か」なんて抽象的すぎて答えようがない、と答えるでしょうか。

おそらく本書を読んでいるほとんどの人が「国家とは何か」というテーマについて深く考えたことはないと思います。

生まれたときから日本という国が存在し、当たり前のようにその国に属し、その国の法律や文化に則《のっと》って生活し、成長してきたからです。**私たち日本人にとって日本とは「生まれたときから当たり前のようにそこにあったもの」**です。

しかし、ひとたび世界に目を向けてみると、国とは決して「当たり前のように存在しているもの」ではありません。

旧ソ連や旧ユーゴスラビアの例を挙げたように、世界では「自分の国」が新たに誕生したり、消滅したり、分裂したりすることは決して珍しくありません。

昨日までユーゴスラビア人だった人が、今日からはクロアチア人になる。そんなことが実際に起こり得ます。私たち日本人が感じているほど「国」というのは当たり前のように存在し、継続しているものではないのです。

すると、どうしたって「国っていったい何なのだろう」というシンプルな疑問が湧き上がり、議論のテーマになってきます。**世界のトップスクールでも、さまざまに切り口を変えて学生たちに「国家」について議論をさせます。**

そして世界に出て行けば「日本っていったいどういう国？」とよく聞かれます。

その問いのなかには「どんな自然があって、どんな科学技術があって、どんな生活水準で、どんな文化があって、どんな人が住んでいて……」などさまざまな要素が含まれています。また、「日本という国はどんなことを大事にしているのか」「どんな理念で成り立っているのか」など、政治的な要素を多分に含んだ質問をされることもあります。

そんな場面に遭遇したとき、あなたは「日本」という国がどんな国なのかを自分なりに考え、判断し、説明しなければなりません。

その根底として考えておかなければならないのが「国家とはいったい何なのか」「どんな役割を担い、どんな機能を果たしているのか」ということです。

国家とは何か?

第2章ではこの問いについて考えてみたいと思います。

とはいえ、いきなり「国家について考えよう」と言っても、何をどう考えればいいのかわかりません。

そんなときに役立つのが、知識であり、思想であり、教養です。過去の哲人の思想を取り上げながら、「果たして自分はどう思うのか?」を掘り下げていきましょう。

この「国家とは何か」という根源的な問いに対しては、欧米の教養の授業では二人の思想家の思想を紐解《ひもと》くことから始めます。近代国家の礎《いしずえ》が少しずつ確立していったと言われる17世紀に、共に活躍したトマス・ホッブズとジョン・ロックという二人の哲学者です。

2

「平等」ほど危険なものはない

トマス・ホッブズは1588年にイングランド王国に生まれ、17世紀に活躍した哲学者です。世界的に有名な著書『リバイアサン』を書いた人物として世界史の授業で聞いたことがある人も多いでしょう。

さて、ホッブズは「国家」というものをどのように捉え、定義しようとしたのでしょうか。

著書のタイトルにもなっている「リバイアサン」とは、人間と似た形をした巨大なお化けのような存在。**その巨大なお化けが、私たちの上に覆い被さるように存在している。**つまり、それが国家だと言うわけです。

なかなかユニークな表現ではないでしょうか。

そもそもホッブズは「人間は平等につくられたものだ」と考えました。体も精神も、人によってその機能に大差はないというスタンスです。もちろん人はそれぞれに体の大きさも違えば、強さも違う。頭の回転が速い人もいれば遅い人もいる。そんなことは当たり前なのですが、そんな個人差などたいしたことはない。仮に、体が大きくてケンカの強い大男が偉そうにしていても、大男が寝ている間に襲いかかったり、大勢が束になって攻撃すれば簡単にやっつけることができてしまう。

だから、人の個人差など「誰かが誰かを支配・服従させるほど大きなものではない」というのがホッブズの考えです。

そういう意味で、ホッブズは「そもそも人間はみな平等だ」と言ったのです。

平等だから争いが起こる

人間はみな平等。

この言葉だけを聞くと、なんとも平和で穏やかなイメージを抱く人が多いでしょう。

しかしホッブズが言いたかったのは「みんなが平等で平和だ」なんてことではありません。むしろ正反対で**「平等ほど危険なものはない」と人類に警鐘《けいしょう》を鳴らしています。**

たとえば、AさんとBさんという二人が同じことを目指しているとします。わかりやすい例として、山の頂上にお宝があって、二人が共にそれを求め、山を登っているとしましょう。

もともと能力に大差はないので接戦になるでしょうが、結局はAさんが勝利し、そのお宝を手にできたとします。

さあ、問題はここからです。

戦いに敗れたBさんが「残念だった」とおとなしく諦《あきら》めれば、それで話はおしまいです。しかし、目の前にいるAさんと自分にはそれほど大きな能力差はない。たまたま登山には敗れたが、殴り合いをすれば、もしかしたら勝てるかもしれない。そう考えたBさんはいきなりAさんに襲いかかり、お宝を奪おうと試みる。

そんな事態が起こったとしても、なんら不思議ではありません。むしろ、ホッブズは「それが当然の姿だ」と言います。

ある人が快適な家を持てば、いずれ別の誰かが侵入してきて、もとの住人を殺害したり追い出したりして、その快適な住みかを手に入れる。しかし、それもつかの間の安住に過ぎず、また新たな侵入者が現れ、住みかの奪い合いになる。

ホッブズは、**みんなが似たような能力を持つ、いわゆる平等状態にある限り、人々は常に相互不信を起こし、お互いが**

トマス・ホッブズ
(1588〜1679)哲学者

敵になると述べています。

言わば「性悪説」に立って、人類を捉えているわけです。

「認められたい」がために人を攻撃する

相互不信が起こり、「周囲はみんな敵だ」という状況において、自分の安全を守るにはどうするべきか。

あなた自身の日常に置き換えて考えてみてください。

あなたは平穏に暮らしたいと思っているかもしれませんが、黙っておとなしくしていれば、必ず誰かが襲ってきてその平穏を奪っていく。

その状況から自分の身を守るためには、どうしたって先手を打って周囲を攻撃し、支配していくことになります。

誰かから攻撃される前に軍備を整え、先制攻撃をしかけ、支配し続ける。これしか方法はありません。

結局、それが相互不信の社会のなかで、自らの安全を守る唯一最善の術。これがホッブズの基本的な考えです。

さらに、彼は「人間は評価されることを求める」と主張しており、相手から評価されるためにも、人は他人を攻撃し続けると論じています。

人は誰だって他人から評価されたい。

その際、もっとも手っ取り早いのが、他人を屈服させ、「あなたはすごい人です」「あなたは強い人です」と言わせること。

だから人は「相手から認められたい」という欲求によっても、周囲を脅《おど》し、攻撃を続けると説いています。

このように**ホッブズは、人々が互いに争う原因として「競争」「相互不信」「誇り（評価されること）」という3つを挙げています。**

性悪説に立っている人らしい意見ですが、この主張には相応の説得力があるのも事実ではないでしょうか。

もし、人に圧倒的な差があって「この人の言うことは絶対だ」「どうやったってこの人には勝てない」という状況であったなら、人は争おうとはしないはずです。争っても結果が見えているからです。

しかし残念ながら、人々は平等であり、個人の能力差など取るに足りない。それゆえに競争が起こり、相互不信を生み、絶え間ない戦争状態をつくりだす。

さらにホッブズは、いままさに戦争が起こっていなかったとしても、「いつか誰かが攻め入ってくる」「だから、私は先手を打たなければならない」という思いを持ち続けている状態も、同じく「戦争状態」であると述べています。

国家という「巨大なお化け」なしに安全に暮らせない

ここまでは、ホッブズの「人間観」についてです。

人間とは平等であり、平等であるがゆえに争いが絶えない。それがホッブズのスタート地点です。

しかし、人は誰もが安全に、安心して暮らしたいと思う。戦い続けたいなどと誰も思っていません。

しかし、放っておけば（人は平等なので）、必ず争いになる。

このジレンマを解消するために必要なのが「共通の権力」「共通のルール」であり、それが国家だという発想です。

「リバイアサン」という巨大なお化け（＝国家）が「共通の権力」「共通のルール」とな

「リバイアサン」が争いを抑制している

って人々の行動の一部を管理し、抑制する。**それによって初めて人は「死の恐怖」から逃れられる**というわけです。

もし、私たちの世の中に「共通の権力」「共通のルール」がなかったら、正義も不正も存在しません。

正しいとか間違っているという基準自体が存在しないので、他人のものを奪うのも人を殺すのもすべて自由。互いに戦争状態にあって、正義も所有権も存在しません。

そんな状況から脱却し、平和に向かうためには、どうしても国家という「共通の権力」が不可欠であるというのがホッブズの主張。

これはまさに平和へ向かう協定です。

「みんなでこの共通のルールを守ろう」と

いう協定を結ぶことが国家だというわけです。

言うまでもなく、これは相互の信頼関係によって成り立っている協定なので、誰かが裏切れば、その協定の意味がなくなり、協定によって「守られた世界」は崩壊してしまいます。

それを防ぐためには強制力のある権力が不可欠で、約束を破ることによって得られる価値より、さらに重い処罰の恐怖がなければならない、ともホッブズは主張します。

他人が住んでいる快適な住まいを奪おうとすれば、牢獄《ろうごく》という限りなく不快な場所へ放り込まれる。この処罰の重さ、恐怖があるからこそ、みんなが協定を守り、安全な暮らしが保証される。

その役割を果たしているのが国家であり、政治コミュニティだというわけです。

おおまかではありますが、これがホッブズの国家に関する主張です。

誤解のないように言っておきますが、これは国家の成り立ちに関する「真実」を示したものではありません。あくまでもホッブズの考えであり、主張です。

この主張に同調する人もいれば、反論する人もいて当然です。

実際、あなたはこのホッブズの考えに触れて、どんな思いを抱いたでしょうか。「賛成だ」「反対だ」と意見を持つのもいいでしょうし、「国家には、もっと他に大事な役割があるのではないか」と考え始めるのもいいでしょう。

あるいは「いまの日本は国家としての役割を十分に果たしているだろうか」という疑問を持つのもいいでしょう。

いずれにしても、こうした思想を単なる知識として蓄えるのではなく、「国家とは何か」という難解で、根源的な問いについて、あなた自身が考えていく際の材料としてほしいのです。

その材料をもう一つ増やすべく、二人目の哲人ジョン・ロックの主張を紐解いてみましょう。

3 「国家観」を持ち、核の是非を論じる

ジョン・ロックは1632年、イングランド王国に生まれた哲学者です。アメリカ独立宣言、フランス人権宣言に多大な影響を与えたという意味でも、世界史上で欠かすことのできない超重要人物です。

さて、このロックの主張をホッブズと比較した際、違いがもっとも顕著なのは「人間観」にあると私は考えています。

すでに述べた通り、ホッブズは「性悪説」に立ち、「**放っておけば人々は相互不信に陥り、争いを続ける**」と主張しています。

しかし、ロックは違います。

ロックの立場はまさに「性善説」。完全に自由な状態にあるとき、人間は自らが信じるものに従って、自らの行動を律し、自らの財産を守り、自分自身がどのようにしたいかを決めることができる。そうした人が従っているルールは誰が決めたものでもなく、もとも

と世の中に備わっている「自然状態」の法律、自然法であるとロックは述べています。

つまり、そもそも人は正しく（他人に迷惑をかけず、他人の生命、自由、所有権などを脅かすことなく）生きることができるということ。**「正しく生きる」精神が人間には自然に備わっている**とロックは信じたわけです。

仮にあなたが自由に生きていくとしても、人間として従うべき最低の法律が存在していて、それをあなたはきちんと守り、周囲の人たちと安全に、快適に暮らしていくことができる。ロックの発想のスタート地点はここにあります。

ロックの主張からは、人の良心、正義というものを信じていることがはっきりと感じ取れます。

「権力の監視がなければ、人々は相互不信の戦争状態に陥る」と言うホッブズとは、かなり異なる人間観だと言えるでしょう。

ほぼ同時期に、同じイングランドで生まれた二人がこれほどまでに異なる考えを抱いたこと自体、じつに興味深いことです。

ジョン・ロック
（1632〜1704）哲学者

人間は「自らを律する力」を初めから備えている

ロックもホッブズと同様、人間は平等だと述べています。よほど特別な能力を持つ人を除けば、人間は生まれながらにしてすべて同じ利益を得ることができ、同じ能力を行使し、互いに平等であり、従属や服従は起こらない。そう彼は言っています。

この平等状態について「だから人は争い続ける」とホッブズは捉えたわけですが、ロックは違います。

人間は自然に存在している自然法に従わなければいけないし、この自然法の下では、すべての人類は一切平等であり、独立しているとロックは言います。

さらに彼は、「誠実と信義は、人間そのものに本質的に備わったものであり、決して社会の一員としての人間に属するものではない」と断言しています。

わかりやすく言い換えるなら、「社会にルールがあるからそれを守る」のではなく、「**人間にはもともと自らを律する力があって、それに従って生きていくことができる**」というわけです。

国家は必要ないものなのか？

ロックの主張を聞いていると「それなら国家なんていらないんじゃないか」と考える人もいるのではないでしょうか。

人々が自由に、勝手に生きたとしても、お互いの生命、財産を傷つけることなく、みんなが自律的に生活できる。それなら国家なんてなくても、安全に、健やかに暮らしていけるのではないか。そう考えてもおかしくありません。

しかし、ロックも「国家が必要ない」とは言っていません。

やはり人々が同じ地域で暮らしている限り、ちょっとしたトラブルはどうしても起こってしまう。ときには自分勝手な人も現れるだろうし、家の庭に木を植えていれば、その枝が隣の敷地にはみ出してしまうこともある。

あるいは自分の地域では安全に暮らしていても、外側からいかなる敵がやってこないとも限りません。そのような侵害に対して、強固な安全保障を実現し、互いに平和な生活をするためには、共同体をつくることに個人が同意する必要がある。そうロックは主張しています。

もともと人間は正しく生きることができるものだが、例外的な人はいるかもしれないし、偶発的な状況がトラブルを生むかもしれない。

そのことはロックも認めており、国家の必要性を唱えているのです。

このロックの考えに対して、「なんだ、結局人々はトラブルを起こすし国家は必要だと言うのならホッブズと同じじゃないか」と思う人もいるかもしれません。それも一つの考え方です。

私自身は、**同じ「国家は必要」という結論に辿り着くとしても、そこに至る思考の過程や人間観の差というのは、大事な違い**だと考えています。

庭に植えた木を例に考えるなら、ホッブズは「その木の枝はいずれ必ず隣の敷地を侵害することになり、争いを生む。だから、あらかじめ明確なルールを設定し、そのルールに従うことでお互いの安全を保障しよう」というスタンスです。

一方、ロックは「もしかしたら、枝が隣の敷地に入ってしまうかもしれない。そのときは話し合いをして、お互いの良心に従って処理の仕方を決めればいい。でも、その際にちょっとしたルールが決まっていたほうがうまくいくだろうから、取り決めをして、お互いがそれに同意しておこう」という感じです。

ルールを決めてそれに従うという点では同じですが「人間とはどういうものか」という根本の思想によって、そのルールの内容や施行の仕方は大きく変わってきます。

教養は「現代の課題」を考えるためにある

ここで一つ現代的な問題を例に挙げてみましょう。

Q あなたは核武装についてどんな考えを持っていますか？　国として、どんな対応をすべきだと思いますか？

日本は世界で唯一核爆弾による攻撃を直接受けた国です。

さらには、原子力発電所事故の問題もあって、核、原子力という問題を避けて通ることはできません。

ホッブズのように「放っておけば人間は争いを続ける」「静かに暮らしていても、いずれは誰かが攻めてくる」という立場に立つなら、核を保有して「我が国に攻撃をしかけてきたら、すかさず反撃する」という睨《にら》みを利かせることで、自らの安全を確保するという考え方が成り立ちます。

一方、ロックのように「そもそも人間は正義に則って自らを律することのできる存在だ」と考えるのであれば、核武装をして相手を威嚇《いかく》するよりも、必要最小限の軍備で安全保障をしたほうがいいとなるかもしれません。

これは二者択一ではなく、中間的な意見であったり、まったく新しい視点があってもいい問題です。

私が言いたいのは、ホッブズの思想であれロックの思想であれ、彼らの思想や主張というのは、単に「世界史のお勉強」のためにあるのではなく、**今日の私たちが暮らしている日常、私たちが属している国家、その国家が集まって構成されている世界に密接につながっている**ということです。

ホッブズとロックの思想を（その一部ではありますが）理解したところで、あなたは「国家」というものについて、どのような考えを抱いたでしょうか。

国家とはどんな役割を担い、どんなルールを持ち、それはどのように行使されるべきなのか。

さらには、どんな考えを持つリーダーに国の舵取《かじと》りを任せるべきでしょうか。

4 世界は「一つの国」になれるか？

ホッブズやロックの思想を学ぶことで、自らの安全を確保したり、その安全をより強固にするには共同体が必要で、それが国家の存在意義となっていることはわかってきました。

それが唯一の存在理由でないにしても、「そこに属する人々の安全を守り、生活を保障する」というのは国家が果たすべき大事な役割であることは間違いないようです。

すると、ここで疑問が湧き上がってはこないでしょうか。

みんなが平和に、安心して暮らすためには、**地球全体が一つの国となって、同じ権力の下、同じルールを守りながら（守らない人には罰則を与えながら）生活するのが一番ではないか、**と。

たとえば尖閣《せんかく》諸島や竹島の問題についても、日本と中国、日本と韓国のそれぞれが「自分の領土だ」と主張しているところに争点があります。

しかし、もし日本、中国、韓国に国境がなく、一つのまとまった国家だとしたら、そんな問題など起こりようがありません。

もともと国家というものが「みんなが安全に暮らすため」に存在しているのだとしたら、全部一緒になってしまうのがもっとも平和でよさそうに思います。

しかし誰もが知っている通り、世界中が一つの国家になるのは簡単ではありません。それどころか、旧ソ連にしろ、旧ユーゴスラビアにしろ、旧チェコスロバキアにしろ、国家はどんどん分裂していきます。

いったいどうして国は分裂していくのでしょうか。

国家という枠組み以上に「文明」が重視される時代

ここで、ハーバード大学で長年教鞭《きょうべん》をとっていたサミュエル・フィリップス・ハンティントンというアメリカの国際政治学者の主張を取り上げたいと思います。彼は1927年にニューヨークで生まれ、2008年に亡くなったので、まさに私たちと同時代を生きた人物です。

ハンティントンは1996年に『文明の衝突』という非常に興味深い著書を発表しています。その中で彼は、これからの国際政治の中心は、異なる文明を背景とするグループ間の対立だと述べています。

1991年にソビエト連邦が解体し、冷戦構造が終結するまでは国同士の対立が中心でした。

「自分がどの国に属するか」ということがとても大事だった時代と言い換えることができます。

しかしソ連崩壊後の数年間に、人々のアイデンティティとそのアイデンティティの象徴は急速に変化し始めた、とハンティントンは主張します。

冷戦時代の政治世界は二極化しており、それに第三世界を加えた3つに分類されていたとハンティントンは言います。

アメリカを筆頭とする豊かな民主主義グループ、ソ連を中心とするやや貧しい共産主義グループ。そしてそのどちらにも属さない、貧しく、政情が不安定な第三世界というグループ。その三層構造が世界政治の中心だったという論理です。

しかし、冷戦構造が過去のものになった今日では、もっとも大事な「違い」というのは、イデオロギーでも、政治でも、経済でもなくなった。「どの国に属するか」ではなく、「どの

サミュエル・フィリップス・ハンティントン
(1927〜2008)国際政治学者

文明に属しているか」というグループ分けが大きな意味を持つようになってきたと彼は主張したのです。

そして、彼は人々に問いかけます。

Q 私たちはいったい何者か？（Who are we?）

この問いに答える際に大事なのは、国家というグループ分けではありません。重要なのは、祖先や宗教、言語、歴史、価値観、習慣、制度などに関連づけられた広義の文明であると、彼は現代社会を分析したのです。

文明・文化という視点で自分がどこに属しているのかを知らなければ、「自分がいったい何者であるか」「誰が味方で、誰が敵なのか」を判別することはできない。

これが『文明の衝突』のなかでハンティントンが論じたことです。

ハンティントンが提示した8つの文明グループ

さらにここでは文明という切り口で、ハンティントンが世界をどのように分類したのかを紹介しておきましょう。
彼は「世界は8つの文明グループに分かれる」と述べています。

・中華文明
・日本文明
・ヒンドゥー文明
・イスラム文明
・西欧文明
・東方正教会文明
・ラテンアメリカ文明
・アフリカ文明

このグループ分けには異論を唱える人もいるかもしれませんが、「どの文明グループに属するか」が、国家という枠組みを超えて強い結びつきを持つというのは説得力のある主張ではないでしょうか。

このハンティントンの文明グループを軸に、世界の情勢を見つめてみるのも価値ある視点と言えるはずです。

事実、世界中で起こっているテロや紛争を検証してみれば、宗教や部族、民族的な対立によって起こっているものが数多くあります。

さらにハンティントンは「**文明の異なる国家やグループ間で暴力闘争が起これば、それはエスカレートする可能性がある**」と警告しています。

もともとは狭い地域で小規模な暴力闘争が起こったとしても、同じ文明に属する他の国家やグループが「同胞」を支援することで闘争が拡大、激化する可能性が常にあります。目に見える支援はもちろん、水面下で武器を提供したり、財政的な援助をするといったことも考えられるわけです。

日本は独自の文明で国家を形成する「唯一の国」

ハンティントンの分類でもう一つ興味深いのは、**8つの文明のなかに「日本文明」が入っている**ことです。

ハンティントンは、日本というのは国家という枠組みと文明という枠組みがぴったりと一致する「世界で唯一の国」だと述べています。

日本は「国民全体が一つの文明を共有」し、その一方で、「外国に同じ文明を持っている人たちがいない」非常に稀《まれ》な存在だというわけです。

私たち日本人は、世界で起こっている宗教戦争、民族闘争に代表される文化的、文明的な対立において、その根底に流れている本質を理解していないのではないか、という指摘は常にあります。

それは**自分たちの国の中で「文明の衝突」をリアルに見ることができない**からかもしれません。

私たち日本人は「以心伝心」「空気を読む」「礼儀を重んじる」など、あえて何かを表明せずとも「みんなが持っていて当たり前」という感覚を共有しているようなところがあります。その理由はハンティントンの言う「国家としても、文明としても同じ枠組みで完結した稀有《けう》な存在」であることが大きいはずです。

そこまでハンティントンが「稀有な存在」という日本とは、いったいどんな国なのでしょうか。

次の項では、その「日本」について考えてみたいと思います。

5 世界の中での「日本の位置づけ」を考える

「日本とはどういう国なのか」あるいは「日本人とはどういう国民なのか」。

すでに紹介した通り、ハンティントンは「日本は固有の文明を持ち、他の国とその文明を共有していない、世界で唯一の国だ」と述べています。日本は文明という観点から見れば「孤立する国家」であると彼は明言しているのです。

世界のどんな文明に属する人たちであっても、自分の国以外に同じ文明を共有している人たちが必ずいて、その人たちとシンパシーを感じ合ったり、同胞としてさまざまなサポートを受けることができます。

世界的にはそれが当たり前なのですが、**日本だけは（あるいは日本人だけは）世界のどこへ行っても同じ文明を持つ人と出会うことはほぼなく、日本人以外の人たちと文化的共同体をつくることはまずない**。それがハンティントンの分析です。

そして、文化・文明的に自己完結した日本という国は、他の文化や文明に対して親近感や敵意を抱くことなく、（日本が望むならば）自国の強化と物質的な繁栄だけを目指して外交政策を遂行《すいこう》できるとも、彼は述べています。

日本にいて、日本文化にどっぷり浸《つ》かって生活していると「それがいかに珍しいことか」に気づくことができませんが、世界から見ると、日本の文明のあり方というのはそれほど稀有なものなのです。

日本とアメリカの奇妙な関係

さらに彼は「日本は最初に近代化に成功したもっとも重要な非西欧の国家でありながら、西欧化しなかった」という点にも注目しています。

我々日本人自身がそれを意識していたかどうかは別として、「西欧化せずに近代化を成し遂げること」こそ、1870年代以降、日本の発展における中心的テーマだったとハンティントンは捉えています。

明治時代が始まったのが1868年ですから、明治初期から現代に至るまで、**日本は「西欧化せずに近代化する」ことを中心的テーマとして独自の発展を遂げてきた**というわけです。

賛成、反対など、いろんな意見が思い浮かぶでしょうが、もう少しハンティントンの日本評を見ていきましょう。

彼は、日本という国（あるいは国民性）を、唯一の同盟国であるアメリカとの比較をしながら次のように特徴づけています。

言うまでもなく、上がアメリカで、下が日本です。

・個人主義と集団主義
・平等主義と階級制
・自由と権威
・契約と血族関係
・罪と恥
・権利と義務
・普遍主義と排他主義
・競争と協調
・異質性と同質性

これほどまでに文化的な違いを持ちながらも、アメリカと日本は同盟関係を維持しているのです。

アメリカと対比することで「日本とはどういう国か」が改めて浮かび上がってきます。

「個人主義と集団主義」「契約と血族関係」「競争と協調」など、アメリカ人と日本人の違いを示すキーワードでありながら、近年の日本人の特徴（あるいは変化）を読み解くキーワードのようにも感じられます。

あなたはどう感じるでしょうか。

日本は文明的に「孤立無援で、自由な国」

さらにハンティントンは、日本の近代化のプロセスにおいて革命が起こらなかったことも、非常に珍しいケースとして着目しています。

たとえば、江戸末期から明治への変遷においては、「江戸城の無血開城」に象徴されるように、社会を切り裂く苦しみと流血を伴う革命がありませんでした。あるいは、第二次世界大戦後に日本が米軍の占領下におかれている時代においても、体制を変えるために多くの人が血を流し革命を起こすようなことはなかった。

だからこそ、日本は伝統的な文化の統一性を維持しながら、高度に近代的な社会を築くことができたのだとハンティントンは考えました。

明治維新に際して「血が流されたのか、流されなかったのか」という点においては、これまたそれぞれの歴史観による違いもあるでしょう。しかし、イギリスの清教徒革命、アメリカ独立戦争、フランス革命などに比べれば、比較的平和に、穏やかに進められたという印象を与えたとしても不思議はありません。

そのような「大量の流血を伴った革命」が起こりにくかった背景には、日本という国全体が一つの文明、文化、価値観を共有していたことも関係しているのかもしれません。

ハンティントンはそこに「日本の特異性」を見たわけです。

彼はこんなことも指摘しています。

文明的に国内で完結し、世界に「文明的同胞」を持たない日本という国は、自国に何らかの危機が訪れた場合にも、「文化的なアイデンティティに共通性がある」という理由では、世界のいかなる国の支援も期待できない。文明的つながりという点において、日本は孤立無援《こりつむえん》だとハンティントンは言います。

しかしそれは同時に、他国に対しても「文化的なアイデンティティが共通する」ことによって支援する理由や責任を持たない、つまり**自国の利益、権益を思うさま自由に追求できる**ということでもあります。

やや乱暴に表現するなら「文明的に孤立無援で、自由な存在」と彼は日本を位置づけたのです。

ハンティントンの主張をあなたがどう捉え、あなた自身の「日本観」にどのような影響を与えるのかはわかりません。

しかし、ここに挙げたような日本の特異性に改めて目を向けることは、「日本」という国を考えるうえで、そして「日本が外交上、どういう姿勢を取るべきか」を考えるうえでも大事なポイントになってきます。

6 「日本人とは何者か？」を掘り下げる

これまで第2章では「国家とは」というテーマに始まり、「日本」という国について考えてきました。

そこでこの項では、もう少し身近な視点で「日本人ってどういう人たちだろう」という点について考えてみたいと思います。

最初に取り上げるのは、フランシス・フクヤマというアメリカの政治学者。彼は1952年に生まれ、父親が日系二世、母親が日本人という日系三世。アメリカの国際関係学の名門、ジョンズ・ホプキンス大学院の教授です。

フランシス・フクヤマは1992年に出版された『歴史の終わり』という著書のなかで、**日本のビジネスマンを「A型行動様式人間（いつも緊張し、性急で競争的な性格の人間）」の典型**だと述べています。

あえて言うなら「モーレツサラリーマン」のイメージです。

週70時間から80時間にも及ぶ労働を苦もなくこなし、出世の階段を必死に上がっていく。その過酷な労働で得られる報酬は（水準自体は低くはないが）決して十分とは言えない。それなのに、稼いだお金を使う暇もないほど、一生懸命に働く。

その根底にあるのは、金銭的満足ではなく、労働そのものに対する満足、あるいは労働することによって得られる地位や認知である、とフクヤマは分析しました。

１００％正しいとは思いませんが、そんな側面を日本人が持っていることもまた否定できない事実のように感じます。

フランシス・フクヤマは、この日本人の特性を浄土真宗や武士道との関係からも説明しようとしています。**質素、倹約、正直さ、勤勉、消費に対する禁欲的な態度、こうした精神は日本の文化や伝統のなかにはじめから備わっている**と彼は述べます。

加えて彼は、日本における「集団志向の強さ」についても言及しています。

家族という最小単位の集団から始まり、しつけや教育によって確立されるさまざまな師弟関係。その後、社会に出れば勤務先の会社があり、その上には国家がある。そうやって日本人の集団志向はどんどん強まり、広がっていく。

フランシス・フクヤマ
（1952〜）政治学者

そして集団志向が強いがゆえに、個人のアイデンティティは集団のアイデンティティに押し殺される、というのがフランシス・フクヤマの日本人評。

日本人は自分の目先の利益のために働くのではなく、自分が属している集団、あるいはもっと大きな集団の利益のために働く。そうフクヤマは捉えました。

このフクヤマの分析については、「それは一時代前の日本人の姿だ」と感じる人もいるかもしれません。いずれにしても、そんなふうに日本人を捉え、評しているアメリカの政治学者がいるということは、知っておいて損はないと思います。

「台風」のようでいて「桜」のような日本人

続いては、和辻哲郎《わつじてつろう》という日本の哲学者の日本人観を考えてみましょう。

和辻哲郎は自身の著書『風土』のなかで、日本人の特性を「台風」だと評しています。国民性を自然現象になぞらえるあたり、非常にユニークです。

日本人の気性は「あたかも季節的に吹く台風のようだ」と彼は表現しています。

台風が突発的な猛烈さを示すように、日本人は突如として感情が燃え上がり、突発的に強度を増し、一つの方向へ邁進《まいしん》していく。

しかし台風による強風は一過性のものに過ぎず、いつまでも吹き続けることはない。日本人の気性もまたこれと同じで、**激しい感情や思いが一時的に噴出しても、それが執拗に長続きすることはない**。その「潔さ」や「変わり身の早さ」があるおかげで、いつまでも闘争を長引かせることなく、社会全体をスムーズに変革させてしまうことができる。そんなことを述べています。

さらに和辻哲郎は「桜」にも日本人の気質、気性を重ねています。

桜の花をもってこの（日本人の）気質を象徴するのは深い意味においても、きわめて適切である。それは急激に、あわただしく、華やかに咲きそろうが、しかし執拗に咲き続けるのではなくして、同じようにあわただしく、恬淡《てんたん》に散り去るのである。

あなたはどう感じるでしょうか。

日清・日露戦争から第二次世界大戦に至るまで、日本が軍国主義を強め、暴走していったのも、台風のような気質を持った日本人が突発的な猛烈さを発揮した結果だったと言えるかもしれません。

和辻哲郎
(1889〜1960)哲学者

そしてまた、戦争が終わってからはさらりと価値観を切り替え、新たな道を歩き始めたのも、これまた日本人らしい振る舞いだったと言えるでしょうか。

台風のような、あるいは桜のような気質。

和辻哲郎のこの捉え方も「日本とは？」「日本人とは？」という問いに答えるうえで、一つの視点を与えてくれるものです。

「古いもの」を失わずに「新しいもの」を受け入れる

最後にもう一人、岡倉天心《おかくらてんしん》の日本人観を紹介しておきましょう。

岡倉天心は、明治時代に活躍した日本の思想家です。彼の主張を端的に言ってしまえば「アジアは一体なのだ」ということです。

大雑把にまとめると、ハンティントンは「日本には固有の文明がある」と言い、岡倉天心は「アジアはすべて一つなんだよ」と言ったわけです。

さらにおもしろいことに、その「アジアの一体性」のようなものを明確に体現してきたのが日本だと、岡倉天心は言っています。

そんな日本のありようを、彼は次のように表現しています。

日本はアジア文明の博物館である。いや、博物館以上のものだ。なぜなら、この民族の不思議な天分として、古いものを失うことなく新しいものを迎え入れる不二《ふに》一元《いちげん》思想（万物は外見上さまざまに異なって見えても、根本においては一つであるという古代インド思想）の精神を脈々と受け継ぎ、過去のあらゆる思想の隅々まで我が元として守り続けてきたからである。

岡倉天心は「古いものを失うことなく新しいものを迎え入れる」という言い方で日本人の柔軟性を表現し、ゆえに「アジア文明の博物館」になり得たと評しました。

日本が「アジア文明の博物館」であるかどうかは別にしても、高度成長期を振り返ってみると、日本の多くの企業に「**世界各国の良いところを集約して、よりよい製品を作り出す**」という側面があったことは事実でしょう。

岡倉天心が指摘するように、私たち日本人の中には、そんな「柔軟性」と「節操のなさ」が存在しているのかもしれません。

岡倉天心
（1863〜1913）
思想家・美術行政家

practice

「日本とは何か?」という問いに答える

これまで第2章では「国家とは何か」という問いに始まり、「日本とは」「日本人とは」というテーマについていろいろと考えてきました。

そこでこの項では「日本とは何か。どんな国か」という問いかけに答える、という演習をやってみたいと思います。

たとえば、あなたが海外へ行って「日本ってどんな国?」と問われたら、日本のどんな部分をピックアップしてどう構成して答えるでしょうか。

Q 日本とは、いったいどんな国ですか?

切り口は何でも構いません。
政治や経済でも構いませんし、自然についてでもOK。

あるいは、建物という切り口で、日本古来の建造物の話をしたり、日本の住宅事情について語ってもいいでしょう。

さらには、日本の交通事情ということで、電車やタクシー、自転車の活用具合などを語るという方法もあります。その他、教育、治安、職場、人間関係、家族のあり方、マンガなどのカルチャーなど、「日本」を説明する方法は無数にあります。

あなたはどんな切り口で日本を掘り下げ、世界の人に紹介するでしょうか。

なぜ「がんばれ」は外国語で表せないのか？

一つの例として、私は「日本語」という切り口で考えてみました。

というのも、以前ある人たちと話している際、「世界には『がんばれ』という言葉がないよね」という話題で盛り上がったからです。

たしかに考えてみると、**英語にもフランス語にも、日本人の言う「がんばれ」というニュアンスの言葉がない**。「Go!」とか「Come on!」「Do your best!」などの言い方はしますが、「行け！」や「ベストを尽くせ」と言うのと「がんばれ」と言うのとは、やはり微妙にニュアンスが違います。

そして、この「がんばれ」のニュアンスを外国人に正しく説明できるかと言えば、なかなかむずかしいところです。

日本人の誰もが日常的に使っている「がんばれ」という言葉には、ハンティントンの言う「同一の文明を持っている者同士」だからこそ通じるニュアンスが含まれているのかもしれません。

そして、このように**「微妙なニュアンス」を感じ合うのは、日本人（ひいては日本語）の大きな特徴**と言えるのではないでしょうか。

最近では、若い女性の間で使われる「カワイイ」という言葉にも、独特の世界観が見受けられます。彼女たちの言う「カワイイ」は、いわゆる「キュート」とも「ビューティ」とも違います。

姿形が整っていたりキュートなものを「カワイイ」と言うこともありますが、一方で、おせじにもキュートとは言えない人、モノに対しても、抵抗なく「カワイイ」という言葉を連発します。ときには醜い要素を含んでいるからこそ「カワイイ」と表現されることもあるほどです。

日本のアイドル文化やオタク文化、フィギュアやコスプレなどの文化にはこの言葉が内包するような独特の感性が大きく影響しています。この「ジャパニーズ・カワイイ」は日本のポップカルチャーを説明する重要なキーワードにもなっています。

そしてもう一つ日本独特のニュアンスを含んだ言葉を挙げるとしたら、やはりそれは「もったいない」ではないでしょうか。

ノーベル平和賞受賞者でもあるケニア出身の環境保護活動家ワンガリ・マータイさんが使ったことにより、この「MOTTAINAI」は一躍世界共通語になりました。

世界各地にもそれぞれ、「モノを大切にしよう」「リユース、リサイクルをしよう」などの概念はあります。しかし日本人の言う「もったいない」には、もう少し精神的な部分（モノに対する敬意や愛情、慈《いつく》しみの心）が込められているように感じます。

ワンガリ・マータイさんもそういった部分をとても気に入り、「世界にはない概念だ」ととても感銘を受けたのです。

『古事記』を読めば、日本がわかる

日本人のこの「もったいない」という精神性はどこから生まれたのか。

その点については、さまざまな説、意見があるのでしょうが、よく言われるのは「日本人には**『あらゆるものに神が宿る』**という感覚が自然に備わっているからだ」というものです。

日常的に使っている衣服、食べ物など、あらゆるものに神が宿っている。

だから、粗末にしてはいけないし、まだ使えるもの、食べられるものを捨ててしまうのはもったいない。そんな精神性につながっているという考え方です。

たしかに、多くの日本人がそうした感覚を、ごく自然に共有しているように感じます。

「針供養《はりくよう》」のように「道具を供養する」という発想や、モノを捨てるときに「これまでありがとうございました」と感謝の意を表するのも、同じような感覚ではないでしょうか。

それらの原点には、(たとえ意識しないまでも)「あらゆるものに神が宿る」という思想が息づいているのかもしれません。

では、その思想はどこからきているのか。

『古事記』に遡ってみましょう。

『古事記』の詳細をここで説明してしまうとページがいくらあっても足りないので割愛しますが、『古事記』の冒頭には「神の誕生」が描かれています。

キリスト教やイスラム教の神と違って、『古事記』における神様は一度に何人も誕生します。天の高いところでまず3人の神が誕生し、その後次々に神様が登場します。最初に誕生した7人の神は「神世七代《かみよななよ》」と呼ばれ、そのなかには「日本」という国（あるいは土地）をつくった「イザナギ」と「イザナミ」も含まれています。

もともと地上の世界というのは水に油を浮かべたような形のないものだったが、イザナギとイザナミが結婚したことによって、淡路《あわじ》・四国・隠岐《おき》・九州・壱岐《いき》・対馬《つしま》・佐渡《さど》・本州などの国土が生まれた、と『古事記』には書いてあります。

その後、地上にもアマテラスやスサノオなど多くの神々が誕生し、その神々に関するエピソードが『古事記』（とくに前半）には、たくさん記されています。

興味のある方は、ぜひ一度、『古事記』を読んでみることをおすすめします。

『古事記』を読む限り、**日本という国は「誕生したその瞬間」から多くの神々がいて、それが当たり前の文化のなかで私たちの先祖は生き、その精神性が脈々と受け継がれてきた**のです。

そう考えると、「あらゆるものに神が宿る」というのも、ごく自然な発想として納得できるのではないでしょうか。

日本人の中にも仏教やキリスト教、その他の宗教を信じている人はたくさんいますが、『古事記』で語られているのは、宗教的な神というより、「日本人の精神性」なのだと、私は解釈しています。多くの日本人がなんとなく共有しているそんな精神性こそ「もったいない」などの文化を育むベースとなっているのではないでしょうか。

もし私が「日本とはどういう国か？」と問われたら、そんな日本人の精神性とルーツの話をしたいと考えました。

あなたは、日本のどんな部分を切り取り、世界の人たちに説明するでしょうか。

同じ日本人であっても、「どんな部分に注目し、どんな説明をするのか」はまさに十人十色でしょう。あなたがそのなかであえて切り取るのは日本のどんな部分なのか。考えを深めたら、ぜひ周りの人と意見交換をしてください。

グループに分かれて「日本をプレゼンする」という演習を行ってみるのもとても楽しいと思います。

column

ハーバードの学生が仰天したジャパニーズ・ルール

以前、私のところに「日本の会社には、ルールを守ろうって気はないの！」というかなり憤慨したメールが届いたことがあります。メールの差し出し人はハーバード大のインターン。日本の会社で働いている女性でした。

そのメールによると、彼女がインターンとして働く期限は、その年の7月20日までだったのですが、もともと彼女は7月の初旬にはアメリカの大学院に入学することが決まっていました。

スケジュールを見ると「時期が重なって無理じゃないか」と思うところですが、20日間の有給休暇があったので、彼女自身は「7月初旬にアメリカへ戻ることは可能」と考えていたのです。

ところが会社に有給の申請をしたところ、「冗談じゃない。最終日は7月20日だから認めるわけにはいかない」と上司に言われてしまったそうです。

有給休暇を申請した時期、申請の仕方など、詳しい事情はわかりませんが、彼女にしてみれば「なんで、ルールで決まっている有給休暇を申請しているのに、認められないの！」と怒り心頭だったわけです。

この彼女の主張、あなたはどう感じるでしょうか。

「ルールなんだから、有給休暇を認めるのが当然」という考え方もあれば、「いくらルールと言ったって、日本の会社の慣習というものがあるだろう」という主張も当然あり得ます。

彼女のように切迫した事情でなくても、日本の会社で働いていれば「会社の飲み会に行くべきなのか？」「時間外のミーティングに参加すべきなのか？」「みんなが残っているなかで、定時に帰っていいものなのか？」など、さまざまな葛藤があります。

外国人が働いていれば、慣習という名の「ジャパニーズ・ルール」はトラブルの元になるかもしれません。

重んじられるべきはルールか、それとも慣習や周囲との調和なのか。

「ルールはルールとしてきちんと守る」というスタンスが大事なのか、はたまた、「郷に入っては郷に従え」ということで、相応の慣習に従うのは当たり前なのか。

グローバル化が進めば進むほど、今後ますます増えていく、けっこう深刻な問題です。

あなたはどう考えますか？

第3章
「自由」をつかむ

1 「自由」という曖昧な概念をつかまえる

「個人の主権の正当な限界はどこにあるのか？」

これはジョン・スチュアート・ミルが『自由論』という著書のなかで、社会に（そして自分自身に）投げかけた問いです。少し言い換えるなら、「社会の中で、個人の自由はどこまで認められるのか？」というものであり、もっと言えば「自由とはどういうものか？」という本質的な問いでもあります。

そもそも、あなたは「自由」とはどういうものだと思っていますか。

何でも好き勝手にやっていい状態が自由なのか。

あるいは、どんな自由にも一定の制限はあるのか。制限があるとすれば、そのラインはどこなのか。私たちが生活している世の中において「尊重されるべき自由」と「制限されるべき自由」とは何なのか。

一言で「自由」と言っても、その解釈や幅、尊重すべきレベルや種類など、さまざまな要素が含まれ、これまでにも多くの議論を呼んできました。
さらに、もう少し発展させるならば「自由と平等はどちらが大事なのか」という問いにも必ずどこかでぶつかります。

Q 自由は平等によって脅《おびや》かされるか?

2011年フランス・バカロレア哲学試験問題より

これは2011年のバカロレアで出題された問題です。バカロレアとはフランスで実施されている大学の入学資格を得るための試験です。
フランスではバカロレアに合格すれば大学に入る資格を得られますが、その問題は日本のセンター試験とはまったく違い、知識の詰め込みで太刀打《たちう》ちできるものではありません。文系、理系を問わず、この問題のような哲学問題をクリアする必要があります。

大学に入ってからも少人数で演習を行う授業が多くあり、卒業するまでの間、徹底して「考える力」が養われます。

2011年のフランスでは、右の問題によって大学へ行こうと考えている人すべてに「自由」と「平等」の意味について、そして線引きについて問いを投げかけました。

なかなか難解で、本質を問う質問です。

ここで一つ、身近な例を挙げてみましょう。

よく世間では貧富の差、経済格差が社会問題として取り上げられますが、そもそも格差とはそれほど問題なのでしょうか。あなたはどう思いますか。

「優秀な人が、それなりに努力をして大金を稼いだのだから、それはそれでいいじゃないか」「大金を稼ぐ人がいて、その人を社会が認めているからこそ経済は発展していくんだ」という意見もあるでしょう。言わば、自由を愛する立場です。

その一方で「社会というのは裕福な人も貧しい人も等しく幸せであることが大事なので、大きな経済格差が生じるのは問題だ」「格差はトータルとして人々の幸福を損ない、社会の存在基盤を危うくする」という主張にも一定の説得力があります。まさに、平等を信奉するスタンスです。

この「自由と平等」というテーマは、あなた自身の生き方を左右するのはもちろん、どの政党（政治家）に投票するべきか、税制はどうあるべきかなど、さまざまなシーンでとても重要となる視点です。あるいは、会社のなかで「優秀な人」と「そうでない人」をどう評価し、どのような処遇にするのか。そんなときにも「自由と平等」の考え方が反映するのではないでしょうか。

第3章では、この「自由と平等」について深く考えていきますが、まずはその前提となる「自由」について取り上げたいと思います。

自由とはそもそもどういうものなのか。

本章の冒頭でも取り上げたミルの主張から紐解いていきましょう。

自由の「風船」はどこまで膨らますことができるか？

ジョン・スチュアート・ミルは19世紀に活躍したイギリスの哲学者にして経済学者です。彼の書いた『自由論』は現代の問題に通じる名著として世界のエリート層の間でいまもなお盛んに読まれています。

大雑把に彼の主張をまとめてしまえば「他人の権利を侵害しない限り、人は自由である」というものだと私は解釈しています。

このミルの主張というのは、多くの人が持つ「自由」というもののイメージにとても近いのではないでしょうか。

ジョン・スチュアート・ミル
（1806～1873）哲学者・経済学者

基本的に人は自由。
でも、他人に迷惑をかけるような勝手な振る舞いをしてはいけない。

ある意味、とてもオーソドックスな自由観だと思います。

以前、私はミルの主張についてある大学の先生からこんな説明を受けたことがあります。

ここに風船がある。各人が一つずつ風船を持っていて、それをどんどん膨《ふく》らませていくのだが、その風船が誰とも接触しないうちはとにかく自由である。何をしたって構わない。

しかし風船が次第に大きくなっていけば、必ず隣の人の風船と接触する。その際には、やはり何らかの調整が必要で、自ずと自由は制限される。

その他人と接触しない範囲において、人は自由に考え、活動することができる。それがミルの基本的な主張であると、その先生は教えてくれました。

非常にわかりやすく、納得感のある説明ではないでしょうか。

義務を守らない者には、いかなる「犠牲」を課してもいい

そもそもミルは、次のように語っています。

他人と接触しない範囲で自由に活動する

社会は義務を行うためにつくられた契約によって打ち立てられたものではない。そうではなく、社会の保護を受けている以上は、その恩恵に対して報いる義務があり、そもそも社会の中に生きているという事実そのものが、各人は他のすべての人々に対して一定の行為を守らなければならないというものである。

一連の文章として読むと理解しにくいので、少し分解して考えてみましょう。

まず、ミルは「社会は義務を行うための契約によってできているのではない」と言っています。この言葉からは「社会というものの出発点は『義務』ではなく、あくまでも『自由』だ」という彼の基本スタンスが透けて見えます。

あくまでも人間は自由な存在だという考えが最初にあるわけです。

その自由を保障するために社会がある。

ただし、社会の恩恵を受ける限り、やはり人は自由の一部を制限され、何らかの義務を負う。そういう順番だとミルは考えたのです。


ちなみに、ミルは個人が社会のなかで守るべきこととして「**相互の利益を害さないこと**」を第1に挙げています。「他人の風船にぶつかっているのに、お構いなしに自分の風船を膨らまし続けてはいけない」ということです。

たとえばそれは、法律を守ることであったり、暗黙の了解のうちに「これは個人の権利である」と認められる部分においては、誰もがきちんとそのルール、モラルを守ることです。

第2に、ミルは「社会またはその構成員を危害と干渉から守るために生じた労働と犠牲について、各人が自己の負担を負わなければならない」とも述べています。

要するに、社会を構成し、持続させていくために「各人は労働や犠牲を負わなくてはいけない」とミルは指摘しているのです。いかに自由が大事だといっても、労働や犠牲を負うことなく、怠惰《たいだ》に暮らすことは許されないというのです。

日本の法律を例に取るなら、労働や納税は国民の義務ですが、それらは個人の自由を制約する要素にほかなりません。「働かない」とか「自分のお金をすべて自分の好きなように使う」という自由を制約しています。

しかし、これをミル流に表現するなら「それは各人が担うべき負担」となる。そしてミルは「これらの義務を履行《りこう》しない人に対しては、いかなる犠牲を課してもいい」と厳しく規定しています。

これがミルの考える「社会のなかの自由」です。

人は他人を幸福にする努力をしなくてはいけない

そしてもう一つ、ミルの主張を補足しておきましょう。

いま述べたようにミルは自由の信奉者です。

「他人の権利を侵害しない限り、人は自由である」というのが、彼の思想の出発点であることは間違いありません。

しかし、彼は自身の自由観について、こんなことも言っています。

自己自身の利益に関連しない限り、他人の善行や幸福に関わりを持たなくていいと（私の主張を）捉える人がいるが、これは間違いである。他人の幸福を増進しようとする私心のない努力は大いにこれを増加する必要がある。

たしかに人間は自由な存在ではあるが、他人に関心を持ったり、他人の幸福に寄与したり、よりよい社会を築いていくために鞭撻《べんたつ》し合っていくことはとても大事だ、と彼は考えていたのです。

この言葉からも、ミルが単なる個人を中心とした自由信奉者でないことがわかります。

ミルという人は**「社会と個人」という関係性のなかで「妥当な自由」「あるべき自由の姿」を考え、提示した**のだと思います。

しかし世の中には、ミルとはまったく違う切り口から自由というものを語ろうとした人物も当然います

次の項で取り上げるカントもその一人です。

2

「自分の意思」で考えていないことに気づく

この項では18世紀ドイツの偉大な哲学者イマヌエル・カントの思想を紐解いていきます。しかしその前に、あなたが考える「自由」のイメージについて改めて確認しておきましょう。

おそらく多くの人が「自分の意思通りに決定し、行動できること＝自由」となんとなくイメージしていると思います。自分の時間を自分の意思通りに使う自由、お金を稼ぐ自由、稼いだお金を使う自由など、自由という言葉には「自分の思う通りにする」という印象があるはずです。

しかし、カントが考える自由は違います。彼はちょっと違った角度から「自由」というものを定義していきます。

時間外にネットを見ることは「自由」ではない

彼の主張を端的に解説するなら、「そもそも人間は正しい道徳（理性）というものを備えていて、その道徳に沿うように行動するものである。そして、そのように行動することこそが真の自由である」というものです。つまり、人間がもっとも自由に行動するときというのは、人間が本来的に持つ道徳観に沿って行動するときだというのがカントの主張。

自由＝人間が本来的に持つ道徳観（理性）に従って行動すること。

これがカントの言う自由です。

なかなか興味深い自由観だと思いませんか。もしあなたが自由に行動しているつもりでも、それが正しい道徳、理性に則《のっと》った行動でないとしたら、それは自由ではないというわけです。

たとえば、あなたが業務時間終了後に、会社のパソコンで

イマヌエル・カント
（1724～1804）哲学者

仕事と関係のないサイトを見ていたとします。時間外なので、規則違反ではありません。

ところが、隣にいた同僚が「業務時間外とはいえ、まだ仕事をしている人もいるんだから、関係ないサイトを見るのはやめろよ」と注意します。

それに対して、あなたは「時間外に好きなサイトを見るのは自由だろう」と言い返す。

さあ、ここでカントの登場です。

カントはあなたに「その行為は、あなたの道徳や理性に照らし合わせて、本当に正しいと言えるのか？」と問いただします。さらにカントは「**もしその行為が人として本当に正しいと言えないならば、それは真の自由ではない**。邪悪な欲望に、あなたが惑わされているだけだ」と言い切るのです。

もちろんカントも、現実に存在する人間たちが欲望や感情に流され、必ずしも理性に従って行動していないことは理解しています。

ただし、彼は自身の哲学の出発点（あるいは、その準備段階）として、まずは人間的な（邪悪な）部分を一切排除し、純粋な道徳哲学というところから思考を開始します。いわゆる形而上学的なアプローチです。

まず「こういう理想がある」という究極の状態を設定したうえで、「その理想状態のなかで、自由とはこういうものだ」と物事を捉えていく方法です。

つまり、カントは「そもそも人間には絶対的な道徳が備わっている」と規定し、その道徳というものは「感情や欲望といった人間の性質に惑わされることはない。さらに、人間を取り巻く環境からも一切影響を受けることなく存在している」と定義しました。

そんな本質的な道徳や純粋理性を持った人間が「自分はこのように行動したい」という内なる思いに駆られて起こす行動はすべて道徳に則っている。そして、(人間が本来的に持つ)道徳や純粋理性に則って起こす決定や行動こそが「真の自由」だというのです。

なんだかややこしい思想のように感じられるかもしれませんが、シンプルに言ってしまえば、**「人間は理性の動物なのだから、その理性に則って行動するときこそ、真の自由を獲得している」**ということです。

このカントの主張、あなたはどう捉えるでしょうか。

いつの間にか外からの情報に踊らされている

カントの主張を聞いて「理性や道徳に則っていなくても、自分で判断し、行動するなら、それは自由と言えるじゃないか」と感じた人もいると思います。

もちろん、そんな自由観があっても構いません。

ただ、ここで一つ考えてほしいのは、もしあなたがAという判断をして行動した場合、それは本当にあなたの意思と言えるのか、という問題です。

たとえば、あなたがカレーを食べたいと思って、カレーを食べたとしましょう。一見それは、あなた自身の、自由な意思による行為のように感じます。

しかし本当は、**外部から何かしらの影響を受けて（カレーの匂いがした、など）、あなたが「カレーを食べたい」と思わされているとしたら、それはあなたの自由意思と言えるでしょうか。**

カントの主張を応用するなら、それは「外部から影響を受けた欲望」であり、あなた自身が本質的に持っている純粋理性から発したものではない。つまり、そんな行為は自由とは言えないのだという論法になるわけです。

私たち人間というのは「自分で決定している＝自由である」と思っていても、外部から影響を受けていることは十分考えられます。

他人から影響を受けた果ての決定を、個人の自由とみなすのか。もっと言えば、洗脳状態にある人は、どんなことでも「自分で決めている」と思い込んでいますが、本当は誰かにコントロールされています。

それを自由とするのか、不自由と解釈するのか。
なかなかむずかしいところです。

Q あなたの「自由」な意思とは、いったい何のことか？

この問いを考えていくうえで、ここでもう一人、ウォルター・リップマンの主張を紹介したいと思います。
リップマンは20世紀に活躍した政治評論家。ニューヨークに生まれ、ハーバード大学を最優等で卒業した後ジャーナリストとなった彼は1922年刊行の『世論』という著書のなかで、こんなことを述べています。

私たちはたいていの場合、見てから定義しないで、定義してから見る。外界の、大きくて、騒がしい混沌《こんとん》状態の中から、すでに我々の文化が我々のために定義してくれているものを拾い上げる、ステレオタイプ化された形のままで知覚しがちなのだ。

この批評をもう少しわかりやすく言い換えるなら、「私たちの多くは、ステレオタイプ

自由な意思を持つことは難しい

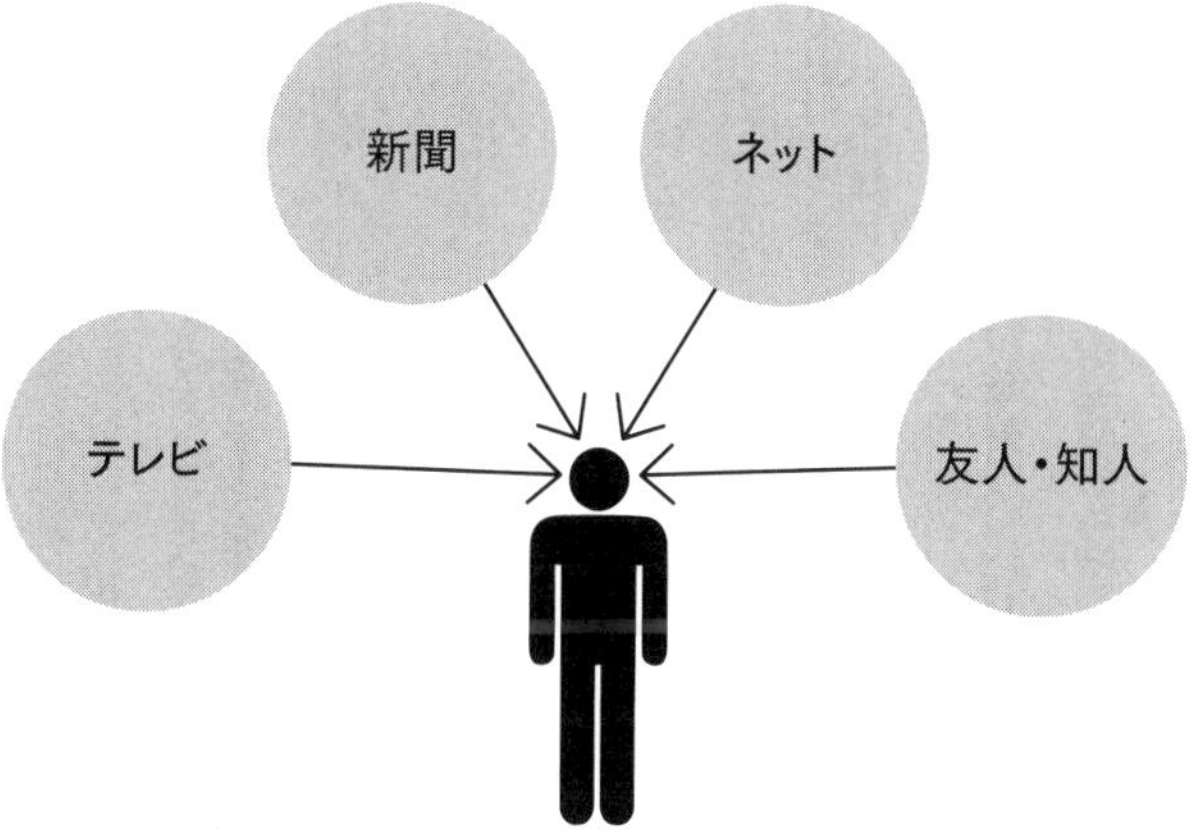

化された情報を与えられ、その情報が意図するように、そのまま知覚してしまう」ということです。

たとえば、ある殺人事件が起こったとします。当然、テレビや新聞、インターネットはこの事件を報道します。

しかしその際、**事件の概要、詳細が公正に報道されているかと言えば、必ずしもそうではありません。**

「こんなひどい事件なんですよ」「こんな犯人を決して許すべきではありません」という具合に、受け手の文化に即した編集が施され、ステレオタイプ化された（あるいは誘導された）情報が発信されることは多々あります。

そしてそれを受け取る側も「ああ、ひど

い事件だ」「こんな犯人を許してはいけない」と、発信側が意図するように受け取ってしまう。

この部分をリップマンは鋭く指摘したのです。

事実、テレビや新聞、インターネットで与えられた情報を受け、あたかもそれが「自分の考え」であるかのように勘違いし、暴走する人は少なくないように感じます。誰かが情報を操作し、誘導しているとしても、それに気づかず、「これは自分の意思である」と思い込む。その結果、思考がどんどん画一化されていく。

リップマンはそんな世論の危うさに警告を発しました。

「あなたの自由意思とは何か」「それは本当にあなたの自由意思か」という問いにも関連する、じつに大事な問題提起ではないでしょうか。

情報が意図的に操作され、あなた自身の思考や意思決定に他人が関与しているとしたら、「あなたの自由」とはいったいどこにあるのでしょう。

あなたが信じている「自分の決断」とは、あなたの自由意思から発せられたものだと、自信を持って言えるでしょうか。

その問題に対してカントは「純粋理性に則っていないもの

ウォルター・リップマン
(1889〜1974)
政治評論家・ジャーナリスト

は真の自由ではない」と主張し、リップマンは「ステレオタイプ化された情報をキャッチして知覚しているだけではないか？」と鋭い疑問を差し挟んだのです。

あなたは「自由」にものを考えていない

言うまでもなく現代は情報化社会であり、数年前とくらべても情報の伝達スピードは飛躍的に上がっています。

現代は、ある一つの考え方や捉え方が猛烈な勢いで人々に伝わり、浸透し、世論を形成していく危険性を持っている時代とも言えます。そのことの是非を問うたところで、発達した情報伝達技術をもとに戻すことはできません。

だからこそ、そんな時代のリスクについて、私たちは認識しなければならないのだと、私は思います。

この世の中では、外から情報を受け取ることはどうしたって避けられません。

しかしそのときに「これは私のなかにあるものだ」と思い込んで意思決定をするのと、「これは外から与えられた（もしかしたら偏った）情報である」と意識したうえで意思決定をするのとでは、大きく異なるはずです。

私たちが本当の意味での自由を獲得するには「情報の受け止め方」「認識の仕方」という点についても、改めて考えなければなりません。

自由というものを、ごくシンプルに考えると、「自分の意思で決定し、行動できること」と言えるでしょう。

しかし、少し掘り下げていけば、その意思というもの自体、本当にあなたが自由に選び取ったものなのかと疑問を投げかけることができるのです。

本当の自由を獲得するには、まずは自分の「自由意思」を一つひとつ疑い、検証するところから始める必要があります。

3 あなたは「与えられた人格」を体現しているにすぎない

「自由とは何か」という議論を一つ発展させて、この項では「そもそも人は自由を求めているのか」というテーマを考えてみたいと思います。

Q あなたは本当に「自由」を求めていますか?

世界中の革命の歴史を振り返ってみれば、その多くは「自由を獲得するための闘い」と言っても過言ではありません。

財産の保有、職業選択、思想、生き方などさまざまな側面で自由を制約されてきた民衆が自由を求めて立ち上がる。言わばそれが革命です。

そんな人類の歴史を見れば「当然、人は自由を求めるものだ」と誰もが感じるかもしれません。

しかし、そこで思考停止にならないでください。

本当に人は自由を求めているのか。

あるいは、人はどのレベルの自由を求めているのか。

そうやって突き詰めて考えていけば、まだまだ議論の余地があります。

事実、「人は自由から逃避するものだ」と主張し、世界から注目を集めた学者がいます。

エーリッヒ・フロムです。

人は「自由」からひたすら逃避している

エーリッヒ・フロムはコロンビア大学やニューヨーク大学で教鞭をとったドイツ生まれの社会心理学者です。『自由からの逃走』『愛するということ』など世界的に有名な著書をいくつも残しています。

彼はそうした著作のなかで「人は自由から逃げるものである」と語っています。

彼も、人類が時の権力者から自由を求めて闘ってきた歴史については認めています。

しかし、一定の自由を獲得した人類は、積極的に（際限なく）自由を求めるのではなく、むしろ逃避すると論じています。

なぜ彼は「人は自由から逃避する」と言ったのでしょうか。

それは、**人は自由を手に入れれば入れるほど孤独になっていく**という考えからです。

封建的な社会、封建的な家庭にいれば、当然「○○しなければいけない」「○○してはいけない」と多くの不自由が生じます。

しかしそれは、それだけ社会や家族との関係が密だからだとも言えます。個人が集団に帰属し、依存し、一体化している状態です。

その集団から離れれば、当然人は自由になります。

ところが、自由を獲得すると同時に、これまで存在していた関係、絆は薄れ、より個人として生きていかなければならず、不安を感じやすくなる。そうやって人は、自由になればなるほど孤独になり不安になっていく、フロムはそう考えたのです。

たしかに、中世の封建社会のように多くの自由が制限されていれば、人は「○○からの自由」という具合に、自由を求めます。しかし、これは彼に言わせれば「消極的な自由」に過ぎません。

エーリッヒ・フロム
(1900〜1980)
社会心理学者・精神分析学者

中世に比べて現代は、ある一定以上の自由が保障されていることは明らかです。そんな世の中にあっても、決して社会に迎合せず、社会と自分を同一化することもなく、本当の意味での独立を果たし、個人的自我を持ち続ける。

そんな「積極的な自由」を人は求めていない。そうフロムは論じました。

人間は、本質的な自由を求めているのではなく「居心地のよい限定された自由」を求めているに過ぎない。

彼に言わせれば、結婚の多くも「自由からの逃避」そのもの。

本当の独立、真の自由を実現しようとすれば、人はどんどん孤独になり、他者とのつながりを失っていくことになる。多くの人はその孤独に耐えきれず、自由を放り出してでも、人とのつながり、社会とのつながりを求めるようになる。フロムにしてみれば、**愛も、義務も、良心も、愛国心も結局は孤独から逃れるための手段**だというわけです。

さらに、親子関係も同じだとフロムは言い切ります。

フロムはフロイトを信奉しているので、「幼少期の体験が人の人格、行動様式に多大な影響を及ぼす」という立場を取っています。

そこから、子どもは親の管理統制の下に育てられるため、積極的な自由を求め孤独を受け入れるような人間にはならない。むしろ耐え難い孤独（積極的な自由）から目を背け、逃れようとするようになると分析しました。

親は子どもに愛情を注ぐけれど、本来的には自分のカゴの中に入れておきたがるため、子どもがそこから出ようとすると、ときに恐怖を与え、支配しようとする。そんな状況下で育った子どもは、与えられた枠組みの中で生きることを学び、真の孤独、自由から逃避するようになる。そうフロムは考えたわけです。

ほとんどの人の意見は「受け売り」に過ぎない

フロムは、社会と個人という関係においても「人は自由から逃避する」という論調を続けます。

（現代の人間は）社会の中で独立した個人として存在するのではなく、文化的なひな型によって与えられるパーソナリティをそのまま完全に受け入れる。他のすべての人とまったく同じように、周囲から期待される状態になりきってしまう。

そんなふうにフロムは分析しました。

あなたは「あなた」という個人として存在しているようでいて、じつは社会から与えられる「あなた」というパーソナリティを（無抵抗に）受け入れているに過ぎない。

その結果、「あなた」という個人的な存在と、外界から求められる「あなた」という存在との間に矛盾はなくなると、彼は述べています。


このフロムの主張は、現代における「社会と個人」のあり方を的確に示しているように私は感じます。

リップマンの『世論』のところでも似た話題に触れましたが、フロムもまた「政治についての意見を一般的な人に聞くと、新聞で読んだ、多かれ少なかれ正確な記事を自分の意見として答えるだろう」と語っています。

現代においては、個人がそれだけ社会と同一化してしまっているという警告です。

フロムは「**もはや人は自由など求めていない。社会と自分を同一化することで、個人として存在することをやめようとしている**」とまで語っています。

そんなフロムも「人間は、生まれつき自由から逃避したがるものだ」と思っていたわけではありません。人間の根源的な姿（あるいは欲求）としては、自由を求めるものだと認めています。

しかし、教育や社会のあり方、環境によって、人は孤独を受け止められず、周囲の人たちや社会に染まっていくことを選ぶようになる。すなわち、自由からの逃避を始めるのだと彼は考えました。

さて、このフロムの主張について、あなたはどう感じたでしょうか。

あなたは本当に自由を求めているでしょうか。

あなたが求める自由とは、いったいどういうものであり、どんなレベルのものでしょうか。さらに言えば、「社会と個人」という関係において、あなたは独立した個人として、本当に自由であると言えるでしょうか。

フロムやリップマンの主張には、現代を生きる私たちが一度は真剣に向き合い、深く考えるべき重要なテーマがいくつも含まれています。

4 平等主義の「見えにくい害悪」に気づく

前項までは「人は自由を求めるのか」「多くの人が求めている自由とはどんなものか」という問いを扱ってきました。言ってみれば、あなたが求める「自由の度合い」について考えてきたわけです。

そして、この「どの程度の自由を求めるか」という問題に向き合うとき、避けては通れないのが「自由と平等」というテーマです。

極論すると、世の中の制度というのはすべて「**自由と平等のバランスをどう取るか**」というところで「落としどころ」が決められているようなものです。

たとえば資本主義社会では、原則として企業は自由に活動して、利益を得ることが認められています。

しかし、利益追求のためなら何をやってもいいわけではありません。市場を不当に独占したり、企業同士が結託して販売価格の高止まりを画策すれば、「それは行き過ぎた自由だ」ということで、独占禁止法のような法律が制定され「フェアで、平等な状態」へと目盛りが一つ戻されます。

あるいは、世界中の多くの国で「高所得者が高い税金を払うのは当たり前」となっていますが、そもそも**どうして高所得者は税金を多く払わなければならないのでしょう**。高所得者が、低所得者に比べて公共財（警察や消防、道路や鉄道などのインフラ）をたくさん使うというのでしょうか。

そんなことはありません。

それでも、たくさん稼いでいる人が多くの税金を払い、社会に還元するのは当たり前であり、それが市民の義務である、という考え方は世界中の多くの国で受け入れられています。

これもある意味、自由のなかに平等を持ち込んだ考え方。まさに、自由と平等のバランスの問題です。

「あなたが求める自由とは何か」を考えることは、その裏側で「あなたが重んじる平等とはどういったものか」という問いにつながっています。

自由と平等は、二者択一で語られるものではないのです。左右のスピーカーのバランスを調節するように、目盛りを少し右に動かせば自由の比重が重くなり、左に戻せば平等の重要性が増してくる。そんなものだと私は捉えています。

日本のいまの政治において、あえて「自由」と「平等」という視点で大きく分類するなら、自民党（自由民主党）というのはより自由を大事にする政党。「民営化、規制緩和」など市場の自由に任せる方法で、世の中を良くしようと考えます。

一方、民主党はより平等を重んじる党で「困っている人にお金を配ろう」とか「高速道路は無料化して、誰でも使いやすいようにしよう」という発想が強いのだと感じます。

その政策が実現できるかどうかはまた別の話ですが、政治を見る際にはそれぞれの党の「自由と平等」のバランスを検討することは、欠かすことのできない重要な視点です。

「自由」より「平等」が愛される傾向がある

「自由と平等」というテーマを考えるにあたり、19世紀に活躍したフランスの政治思想家アレクシ・ド・トクヴィルという人の主張を紐解いてみようと思います。

まずトクヴィルは「完全な自由と、完全な平等が成り立っている社会が理想だが、現実的にはそんなことは起こり得ない」と語っています。

完全なる自由を求めれば、当然格差や不平等が生じ、その不平等を是正しようと思えば、自由が制限される。

たしかに、自由と平等をともに、完璧に成り立たせるのは不可能なようです。

では、人は自由と平等のどちらをより大事だと思うのでしょうか。

この問いに対して、トクヴィルは「通常、人は自由よりも平等をより尊く思う」とはっきり述べています。

その理由として彼は「**自由が時折もたらす害悪は直接的であり、平等によって生じる害悪は徐々にしか現れない**」からだと考えました。

Q 平等の「害悪」とは、どんなことだと思いますか？

わかりやすい例を挙げましょう。

ここに飢えた2人がいます。一方はお金持ちで、もう一方は貧乏な人。

そこにパン屋が2つのパンを持って登場します。

お金持ちは「大金を払うから、パンを2つとも食べさせてくれ」と言います。貧乏人にはお金持ちに対抗する術《すべ》があり

アレクシ・ド・トクヴィル
（1805～1859）政治思想家

ません。

結果として、お金持ちが2つのパンを独占し、貧乏な人は飢えるしかない。

たとえばこれが「自由が時折もたらす直接的な害悪」です。

まさに直接的な影響で、この状況を見た多くの人が「パンを1つずつ分ければいいだろう」「金持ちだからって、2つとも持って行くなんてひどい」と思うはずです。

言わば、平等を求める主張です。

しかし、平等にも害悪がないわけではありません。

仮に、2つのパンを2人で分けたとしましょう。100個のパンを100人で分けるのでも同じです。

パンをみんなで分ければ、それだけみんながハッピーになれる。たしかに、その場ではそうかもしれません。ですが、パンをみんなで平等に分けたときのお金持ちの気持ちを想像してみてください。

本来なら、財力にものを言わせて、お腹いっぱい食べられるのに、平等主義のためにそれをすることができない。小さなパンを1つ食べて、みんなと同じようにひもじい思い（小さな満足）をしなければならない。

そんな事態に直面しても、そのお金持ちは翌日からもしっかり働こうと思うでしょうか。

お金を稼いでも、稼がなくても、食べられるパンの量は同じ。そんな平等な世の中にあって、一生懸命働く意味を見いだすことができるでしょうか。

そうやって人々は徐々に労働意欲を失い、その無力感が全体に広がり、集団として経済力を落としていく。

これが「平等がもたらす害悪」の一例です。

しかし、この「平等がもたらす害悪」は「自由がもたらす害悪」に比べて直接的ではありません。少なくとも、目の前で飢える人を見なくて済みます。

「平等がもたらす害悪」は少しずつ進行していくので、人は状況に慣れてしまい、問題に気づくことができません。ただ漫然とその事態を受け入れ、無気力になっていくのです。

そんな問題をトクヴィルは厳しく指摘しました。

平等はむしろ「個人主義」をもたらす

ここまでの話の流れで気づいているかもしれませんが、トクヴィルは「自由を大事にすべき」という考えの持ち主です。

これまでの話に加えて、彼は平等がもたらす害悪として「社会がより個人主義的になっていく」という弊害も指摘しています。

そう言われると「なぜ？」と感じる人もいるのではないでしょうか。

自由な社会ではより個人主義的になり、平等な社会では集団主義的になるのでは？　そんなふうに感じる人が多いと思います。

しかし、トクヴィルの発想はまったく逆。

彼は**平等こそ、人々のつながりを遮断し、個人主義をもたらす**と主張しました。

たとえば共産主義の社会では、どんなに働いても得られる収入は基本的に大差ありません。住居も食べるものも、その他の生活レベルにおいても、ものすごく大きな差が生じることはないのです。

そんな状況に暮らしていると、人々はいろんなものに興味やる気を持てなくなり、隣人への興味も薄れていく。人々の生活を支えるのは国家という制度であり、人と人とのつながりではない。そんな無気力なムードによって、人々は助け合う精神を忘れ、一緒にがんばって「何かしらの成果を残そう」「高みを目指そう」という気持ちを失っていく。

結果として周囲に関心を持たない個人主義が進んでいく、だから「自由が大事なんだ」とトクヴィルは考えたのです。

実際彼は、フランスからアメリカへ渡り、自由のすばらしさを目の当たりにします。

自由があるからこそ、人々は一生懸命に働き、協力し、お互いに依存し合いながらよりよい社会を築こうとしている。「それがアメリカのすばらしさ」だとトクヴィルは説いています。

トクヴィルが見たのは現代のアメリカではなく、19世紀のアメリカですから、現代とは時代も違えば、世界におけるアメリカの位置づけも異なります。

とはいえ、アメリカが目指す「自由の国」というあり方が、人々に意欲と希望を与え、社会に活力をもたらしているという指摘はいまに通じるところがあります。

なぜ日本人はホームレスにお金を与えないのか?

私は何もトクヴィルの主張をことさらに支持したいわけではありません。

ただ、私がアメリカで経験したことを振り返ると、**「自由だからこそ、育まれる助け合いの精神」**というものもたしかにあると感じます。

日本でも、アメリカでも、その他の多くの国々でも、ホームレスが道に座って空のコップを置いている場面をよく見かけます。

そんなとき、アメリカ人やイギリス人はかなりの頻度でいくばくかのお金を入れます。

私の感覚値でしかありませんが、日本人に比べてチャリティ精神に富んでいるように感じられます。

アメリカ人の友人に「どうして、頻繁にお金を入れるのか?」と尋ねてみたところ、「**それがエリートたる自分たちの義務だからだ**」と彼はこともなげに答えました。

自由な社会によって、たまたま自分たちは多くの収入を得ている。でも、世の中には経済的に苦しい人もいるのだから、自分たちがその人たちのことを助けるのは当たり前だ。そんな精神が根付いているのです。

アメリカ人よりも「平等寄り」の日本人がホームレスの人にお金を出さないのは、「それは公的機関の仕事だ」という感覚があるためのように思います。

トクヴィルはアメリカ的な精神、社会、意識というものを「公的な徳」として高く評価し、平等が引き起こす個人主義は「公的な徳を枯らす」とも言っています。

これは第4章で取り上げる「経済」の問題にも大きく関係してくるのですが、そもそも平等主義というのは「一枚のピザをみんなで均等に分けよう」「それが全員にとって一番幸せな状態だ」という発想に基づいています。

一方、自由主義、資本主義というのは「ピザを多く取る人もいれば、少ない人もいる。

ピザを平等に分けるか、不平等に分けるか？

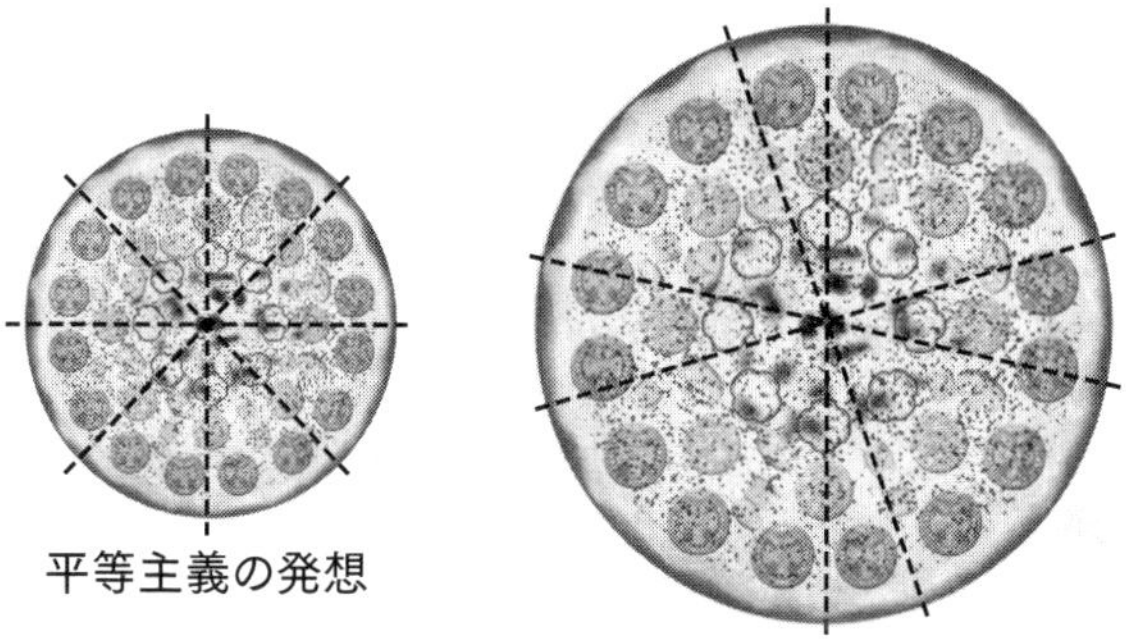

それが当然だ」という発想に基づいています。言うまでもなく不平等です。

ただし、ここで忘れてはならないのが、資本主義の場合「ピザそのものを大きくすれば、個人の取り分に差が生じても、結局はみんなハッピーになれるだろう」という考えが根底に流れている点です。

小さなピザをみんなで均等に分けるより、大きなピザを不均等に分けたほうが全体の利益は大きいという考え方です。

トクヴィルが平等を批判し、自由を賛美したのには、そんな考えもあるからです。

とはいえ、行き過ぎた自由主義、資本主義経済が大きな問題を抱えていることは、バブル崩壊やリーマン・ショックを経験した私たちは知っています。

また、経済的な側面だけでなく、「人としてどこまで自由を認めるべきか」という問題は社会にいくらでも存在します。だからこそ、あなたにもぜひ「自由について」「平等について」もっと考えてほしいのです。

世界に出れば、多様な価値観、独自の自由観を持った人たちに出会い、さまざまな場面でこのテーマに出合います。世界のエリート層にとってこうした議論は日常的なコミュニケーションの一つです。

ちょっとした言葉のやりとりの場で、あなたの価値観が問われます。

自由と平等はどのようなバランスが望ましいと思いますか。

そして、あなたが求める自由とは、いったいどんなものですか。

practice

「死ぬ自由」を考える

自由というテーマを扱う最後の項として、一つの演習を行いたいと思います。題材として取り上げるのは「自分の命」「自分の死」について。**世界の多くの医学大学院では、入試の面接で次のような質問がされています。**

Q 安楽死や医師の助けを借りた自殺について、あなたはどう思いますか?

安楽死や尊厳死というのは、世界的にもさまざまな議論を呼んでいる問題です。現状の医療では治癒《ちゆ》の見込みのない病気(たとえば末期がんのようなもの)になった際、人は自分の命を自ら終わらせる自由を持っているのでしょうか。助かる見込みのない人が、痛みにもだえ苦しみ、自ら死を懇願しているとしたら、その人が死を選ぶ自由はあるのでしょうか。

この被告にどのような「量刑」を与えるべきか？

これから紹介するのは私のクラスで生徒たちに紹介した事例です。

実際に起こった事件ですが、もしあなたがこの案件を裁く裁判官だったとしたら、どのような判決を下すでしょうか。あるいは、裁判員だとしたら、どんな意見を述べるでしょうか。それが今回の演習です。

事件の概要は以下の通りです。

被告は高校を卒業してから家業の農業を手伝い、村の青年団で団長を務めるなど、いたって真面目な青年です。

あるとき、被告の父親が脳溢血《のういっけつ》で倒れます。一命はとりとめたものの、その後は病床暮らしを余儀なくされます。その後、父親は全身不随となり、自らの力では食事もできず、大小便の始末も家の人がやらなければならない状態になってしまいます。腕や足は曲がったままの状態で、少しでも動かすと激痛を訴え、しゃっくりの発作が起こると2、3時間止まらないこともありました。

激痛に耐えかねた父親は「早く死にたい」「殺してくれ」と大声で叫ぶようになり、しゃっくりの発作が起こった際は、息が絶えそうになるほどの苦しみようで、被告（息子）としても見るにたえない状況が続きます。

そしてついに、父親を病苦から免れさせるために、被告は牛乳にこっそり農薬を混入させます。何も知らなかった母親は、その牛乳を父親に飲ませ、中毒死させてしまいました。

昭和36年に実際に起こった事件です。

あなたはこの被告の行動について、どう感じるでしょうか。

さらには、この被告に対し、どのような判決が妥当《だとう》だと思うでしょうか。

私は司法の専門家ではないので詳しいことは述べられませんが、この事件で争点となるのは「**違法性を否定するだけの事由があるか？**」（違法性阻却事由）という部分です。

そもそも、この被告の行為が法に触れることは間違いありません。毒を混入し、人を死に至らしめたのですから、刑法の構成要件には該当します。

ただし、審判というのはそれだけで下されるわけではありません。仮に法を犯したとしても、その違法性を否定する十分な理由があるか、というところが考慮されるわけです。

たとえば、人を殺しても、それが正当防衛ならば「行為自体は違法だが、違法性を否定するに値する」という判断が下されます。

つまり争点は「この被告の行為がそれに値するのかどうか」。

あなたはどのように判断するでしょうか。

この演習に際して、私のクラスでもさまざまな意見が出ました。

「被告の行為は殺人なので、罰を受けるのは当然だ」

「違法性という意味では、情状酌量の余地があるし、いわゆる殺人とは一線を画した判決をすべきだ」

「なぜ、もっと別の方法を取ることができなかったのか？」

「別の方法と簡単に言うけれど、実際にどんな選択肢があり得たというのか？」

「安楽死が法律として認められていれば、こんな悲劇は起こらなかったのではないか？」

など、さまざまな視点から議論が交わされました。

結論から言うと、**この被告に下された判決は有罪（懲役2年、執行猶予2年）でした。**

この判決が妥当なのか。あるいは、重いのか、軽いのか。

そんな司法的な意味だけでなく、この事件は、私たちに多くの重い問題を突きつけていると私は感じました。

たしかに、この被告の行為は無条件に受け入れられるものではありません。肉親が病気で苦しみ、回復の見込みがなく、自ら死を望んでいるからといって「殺人が許される」などという判断は簡単にはできません。

しかし**現実問題として、目の前で肉親が苦しみ、治癒の見込みがないとしたら、私たちはどうするでしょうか**。私のクラスで意見が出たように、安楽死が認められていたら、本当によかったのでしょうか。

社会は「死ぬ自由」を許さない

ミルは「他人の権利を侵害しない限り、人は自由な存在である」と主張しています。その主張に則《のっと》るならば、「自分の命を終わらせる権利」はその人に帰属すると考えることもできるかもしれません。

その一方で、自分の死について誰かの手を煩《わずら》わせたり、死んだ後の処理のことも考えると、必ずしも「個人の自由」として認められないようにも感じます。

あるいは、カント的視点を持ち込むならば、「死を選ぶ」という行為は、人間として道徳的、理性的に正しい行為と言えるのか。その「正しさ」がないのであれば、それは自由ではない。そんな考え方もあり得ます。

私のクラスでも「安楽死が、なぜ正しい行為と言えるのか」を徹底的に考えなければ、決断を下すことなどできないと主張する生徒がいました。

私はこの問題について、ある有名な大学病院の医師にも話を聞いてみました。

その先生は「そもそも『死にたい』という本人の意思は、どうやって確認するのか、どうやって真偽を確かめるのか」というところが大きな問題だとおっしゃっていました。**たとえ本人が「死にたい」と言ったところで、それが「本当の意思」だとどのように判断するのか。**一時的な気の迷いかもしれないし、介護している相手を慮《おもんぱか》って言っているだけかもしれない。それゆえ安楽死は簡単には認められない、というのがその先生の主張でした。

さらに安楽死の問題については、「自ら死を選ぶ自由」を認めることになり、自殺の件数が上がるのではないか、という懸念を表明する人もいます。

その一方で、高齢化社会が急速に進む日本にあって、安楽死を認めず、延命措置ばかりに重きが置かれていたら、医者不足や医療費問題などが悪化し、社会全体を圧迫するという意見もあります。

これは個人の自由というより、社会の利を優先した考え方です。

あなたなら、この問題に対して、どのような意見を述べるでしょうか。

これは誰の身にも起こり得る問題ですし、高齢化が急速に進み「課題先進国」とも言われる日本にとって、とても大きな問題の一つです。

column

ックスフォードの受験生を苦境に立たせた難題

2011年、オックスフォード大学の入試問題(口頭試問)で次のような質問がされました。

Q 駐車違反を死刑とする法律を制定したところ、誰も駐車違反をしなくなった。これは適切で効果的な法律と言えるか?

2011年オックスフォード大学入試問題より

あなたはこの問いにどう答えるでしょう。身近な題材を扱いつつ、じつはとても多くの論点を含んでいる難問と言えるのではないでしょうか。

一つの視点として**「そもそも法律とは何のためにあるのか?」**ということを考えることができます。

もし法律の目的が「犯罪をなくす」「再犯を防止する」というだけなら、この法律は100%目的を果たしています。違反者がゼロになったのですから、これこそ最高の法律と言えるでしょう。

そう考えると、いっそのこと駐車違反だけでなく、世の中のありとあらゆる犯罪の刑罰をすべて死刑にすればいい、そんな発想も生まれてきそうです。理屈で言えば、世の中から犯罪は激減し「めでたし、めでたし」というわけです。

しかし、それで本当にいいのでしょうか。

そんな法律を制定することで、私たちは豊かに、幸せになっていくでしょうか。

やはり、そこには何かしらの違和感を覚えます。


法律の目的、考慮すべき事情について、別の角度からも考えてみましょう。

たとえば、**「更生」という視点**はどうでしょうか。もし法律に、「罪を犯した人を更生させる」目的も含まれているなら、「何でもかんでも死刑にすればいい」というわけにはいきません。

さらに、「人は犯した罪に応じて、償わなければならない」という**「罪と罰」のバランスを大事にするという視点**で見れば、「駐車違反で即死刑」というのはどう考えても刑罰が重すぎます。一般的な感覚からすれば、駐車違反とは、命と引き換えにしなければならないほどの罪ではないはずです。

すると、今度は「犯した罪」と「科せられる刑罰」の妥当なバランスとはいったいどんなものなのか、という新たな難問が浮上してきます。

ちなみに、日本では駐車違反をすると1万〜3万円ほどの罰金が科せられますが、これは妥当でしょうか。あなたは高いと思いますか？　それとも安いと感じますか？

お金持ちにとっての1万円と、貧乏人にとっての1万円は重さが違います。同じ駐車違反を犯しておいて実質的には罰の重さが違う「罰金刑」はそもそも不公平じゃないか、と考えることもできます。

その意味では、「駐車違反は死刑」というのはとても平等な法律とは言えそうです。

これは考えれば考えるほど、話がどんどん入り組んでくる良問なのです。

さらにもう一つ、このオックスフォードの設問を見たとき、「**パターナリズムの問題**」も見逃せない、と私は感じました。

パターナリズムとは、簡単に言えば「父権主義」というもので、まるで父親のように「こうしてはいけない」という強い権力を行使することです。

国や政府が「駐車違反をしたら死刑」とするのは、まさに強権的で、パターナリズムの一例と言えるでしょう。

とはいえ、国家が国民に強いているのは、駐車違反をせず、みんなが気持ちよく通行できるようにしようという、言わば「正しい行為」。そこだけを見れば問題はないかもしれません。

その一方で、過度なパターナリズムは個人の自由を奪い、人々の「考える習慣」を損なうという弊害も存在します。

「あれをしてはいけない、これをしてはいけない」と厳しくしつけられた子どもが自分の頭で考えなくなり、「親の言う通りにしていればいいんだ」というメンタリティを持つようになる。そんな話はよく聞きます。

もし、国民全体が完全に政府に依存し、「政府の決めたルール通りに、みんなが生活する」という状況になったとしたら、本当にそれでよいのでしょうか。

それで人々は自由であると言えるのか。

そんな社会が「個人を尊重している」と言えるのか。

いずれ政府が暴走し、独裁的、ファシズム的になってはいかないか。

あなたはどう思いますか。

「駐車違反を死刑にするのは、いい法律なのか」というオックスフォードの問いに対して「いい」「悪い」という安易な二者択一ではなく、そこに含まれる幅広いテーマを掘り起こし、ぜひとも「あなたなりの主張」を考えてみてください。

第4章
「経済」を知る

1 「資本主義はすばらしい」を疑う

Q 資本主義と社会主義、あなたはどちらを支持しますか？

第4章はこんな問いからスタートしたいと思います。

世界の経済情勢を見つめてみると、社会主義が衰退し、多くの国々が資本主義化しているのはたしかです。その象徴的な出来事と言えば、やはり旧ソ連の崩壊でしょう。その後、中国や北朝鮮、ベトナム、キューバなど社会主義を続けている国もたくさんありますが、そんな国々でも経済面では多くの部分が自由化されています。

そんな社会情勢ですから「資本主義は勝利し、社会主義は敗れた」と声高に表明する人も当然います。

しかし、それだけの事実をもって**「資本主義は正しかった。社会主義は間違っていた」**

と安易に決めつけていいのでしょうか。

その是非を問う前に、そもそもあなたは「資本主義とは何なのか」「社会主義とは何なのか」を自分なりに理解し、説明できるでしょうか。デカルト的に言うならば、あなたはそれを本当に知っていると言えるのでしょうか。

そんなところから考えてみましょう。

資本主義と社会主義の違いを答えよ

資本主義とはどういう制度か。

そう質問されたとき、あなたはどう答えるでしょうか。

本書を読んでいるほとんどの人が、資本主義、社会主義の概要をなんとなくは知っていると思います。しかし、それをあらためて「説明してください」と言われると、これは案外むずかしいものです。

この説明をむずかしくしている要素の一つは、「政治と経済」という二つの側面がある点ではないでしょうか。政治制度と経済制度。この二つは密接なつながりを持っていながら同じではない。ここがとても複雑で、ややこしいところです。

世界では資本主義と民主主義は一緒になりやすく、社会主義と独裁主義はセットになりやすいという側面があります。しかし、必ず一致するというわけではありません。

たとえば、中国はどうでしょうか。

中国の政治体制が「民主主義か、独裁主義か」と言われれば、これは独裁主義でしょう。建国以来、共産党の一党独裁が続いていて、少なくとも現在の中国を民主主義と見ることはできません。

しかし、ひとたび**視点を経済面に移してみると「中国は社会主義で、資本主義ではないとは言い切れません**。現代の中国では自由な経済活動が広く認められ、国としても、企業としても大きく経済成長しています。それでいて、とても資本主義とは呼べない側面もたくさん残っています。

政治と経済の問題は、それぞれの国によって複雑に入り組んでいて、独自の法律や制度、文化や習慣を形作っているのです。

「自分のもの」を持てる社会、持てない社会

さあここで「あなたは資本主義をどう説明するか」という話に戻りましょう。

私なりに資本主義と社会主義の違いを説明するなら、まずは「自由に所有、私有ができるか」という点に注目したいと思います。

あなたがコンビニに行って日用品を買う。結婚を機にマンションを買う。そんな「お金を出してモノを買い、自分の所有物にできる」という感覚は、日本に住む私たちにとっては当たり前ですが、社会主義国では決してそうではありません。

たとえば**中国では原則として不動産の私有は認められず、国が所有するか、村が集団的に所有するかたちになっています。**中国で認められているのは、その土地の使用権に過ぎません。言わばレンタルです。

この「所有できるか、できないか」というのは、資本主義、社会主義を考えるうえで、けっこう大きな要素だと私は考えています。

私のクラスでも「中国は社会主義なのか、資本主義なのか」を議論したことがあるのですが、かなり意見が分かれました。

すでに述べた通り、現代の中国は多くの面で経済が自由化され、国営でない企業が存在し、ほとんど自由に経済活動をしています。そんな状況を見れば、「もはやそれは資本主義だ」という意見があって当然です。事実、中国について「政府は社会主義だと言っているが、実態は資本主義だ」と解釈している人は世界中に大勢います。

しかし、政治的な側面を見れば、中国は共産党一党独裁の国なので、共産党（とくにその指導部）の意向によって、国のあり方をどうにでも変えることができてしまいます。

たとえば、あなたが会社を起こして中国に進出し、経済的に大きな成功を収めたとします。地域住民にも存在を評価され、経営はとても順調にいっている。いわゆる資本主義における成功者です。

ところが、あるとき政府の意向で「外国企業の土地の使用は認めない」という方針が打ち出されてしまったら、たちまちあなたの会社は中国から追い出されてしまいます。諸般の事情が絡むので、そう単純ではないでしょうが、政治体制が独裁主義の国には、そんな強権的な側面があるのもまた事実なのです。

このあたりが、まさに政治と経済が複雑に絡み合っている部分です。

中国が経済の自由化（資本主義化）を推し進めていることはたしかですが、やはり不動産の所有、私有が自由にできないところを見ると、完全なる資本主義とは呼べず、社会主義の側面を色濃く残しています。

資本主義の社会では、自分のお金で、好きなものを自由に買い（あるいは売り）、それを自分の所有物にすることができる。

そんな言い方でも、資本主義の一面を説明できるのではないでしょうか。

資本主義の是非を「当事者」として考える

しかし、「自分のお金で好きなものを買い、所有できるのが資本主義」「その売買や所有に制約がかかるのが社会主義」と単純に言ってしまうと、資本主義の良い面ばかりが強調されてしまいます。資本主義にも問題はあります。

顕著なのは、やはり2008年に起こったリーマン・ショックではないでしょうか。この経済事件のせいで、世界中がパニックに陥《おちい》りました。

Q あなたはリーマン・ショックをどのような事件だったと解釈していますか？

リーマン・ショックを、資本市場で市場の役割を重視しすぎたことが起こした問題と捉えることもできるでしょうし、サブプライムローンに端を発したという点に注目して「貧富の差が引き起こした問題」、あるいは「資本主義の限界」と解釈した経済学者、経済評論家もいます。

いずれにしても「資本主義は本当に人を幸せにするのか」という根源的な問いを世界中

に発したことは事実です。

また、**「資本主義は本当に持続可能なのか」**という問題を提起したとも言えるでしょう。

資本主義の名の下で、自由に経済活動をしてお金を稼ぐことが本当に正しいのか。

貧富の差、経済格差を、個人として（あるいは社会として）どのように受け止め、対処するべきなのか。はたまた、日本は一時期のような世界有数の経済大国を目指さなければならないのか。

一言で「資本主義がいい」と言っても、私たちが考えるべきテーマは山のようにあります。そして、議論を進めていけば「会社は誰のものなのか」「誰のために、どんな活動をするべき存在なのか」というテーマにも波及するでしょう。

まさに、**あなたが日々行っている活動、仕事にまで大きく関係してくる問題**です。

本章では、「資本主義か、社会主義か」という二者択一の発想ではなく、「どのような社会システム、経済制度が必要なのか」「政府は何をすべきなのか」などの点についても、さまざまな思想家の主張を紐解き、考えてみたいと思います。

あなたも社会の一員である限り、この議論の部外者でいることはできません。

そんな経済の根本的な問題に向き合っていくにあたり、最初に取り上げるのは「神の見えざる手」という概念でよく知られるアダム・スミスです。

2 資本主義の「根本の原理」をつかむ

アダム・スミスは18世紀に活躍したイギリス（生まれはスコットランド）の経済学者。現代経済学の礎を築いたとも言える『国富論』を著したことでも有名な人物です。おそらくは、多くの人が社会の授業で名前くらいは聞いたことがあるでしょう。

さて、アダム・スミスという人はいったい何を言ったのか。

彼の経済学を理解する際、まず大事なのは**「出発点は労働である」**という思想だと私は考えています。彼は「すべての国民の労働は、その国民が消費する生活に必要なすべてのものを供給する原資である」と言っています。

あなたが働いて、あなたが生活するのに必要なものをつくる。それが経済のスタートなのです。

とはいえ、太古の昔のような自給自足の生活でもしていない限り、必要なもののすべてを自分一人でつくることは不可能です。その点については、アダム・スミスも「分業が確立した世界では、人が自分自身の労働による生産物で満足できるのはほんの一部だ」と語っています。

そこで交換というシステムが始まります。

自分が生産したもののうち、余っている部分（自分では使わない部分）を他人と交換する。もしあなたがキュウリを100本つくったならば、自分の手元に10本残し、残りの90本をトマトやお米、肉や魚と交換します。そうやっていろんなものを手に入れることで、生活がより豊かになるわけです。

しかし、いつまでも物々交換をしていては効率が悪いし、手間もかかる。「あなたのキュウリは欲しいけれど、たまたまいまはトマトを持っていない」「だから交換が成り立たない」なんてことが頻繁に起こるようではあまりに非効率です。

そこで人々は「モノの価値」を保証してくれる代用品として、金属を使うようになります。

「この金属さえ持っていれば、一定の価値のモノと交換できる」という保証、信頼をみんなで認めたのです。

これが貨幣の誕生であり、貨幣経済の始まりです。

価格は自分だけでは決められない

さて、物々交換から貨幣経済へと時代が発展していくと、今度は「どうやって価格は決まるのか」という問題にぶつかります。世の中にあるあらゆるものを「貨幣」という統一の基準で評価しなければならないのですから、これはなかなかたいへんです。

この問題について、アダム・スミスは「自然価格」と「市場価格」という2つの価格を示し、説明します。

まず、「自然価格」というのは「商品本来の価値によって、自然に決まるべき価格」のこと。やや乱暴ではありますが「商品本来が持つ、正しい価格」と捉えてもいいでしょう。

そして、この**自然価格は「労働の量」「土地代」「利潤」という3つの要素で決まる**と、アダム・スミスは考えました。

たとえば、あなたがキュウリをつくった際、かかった「労働の量」が500円、「土地代」が1000円だったとします。それに20%の「利潤」を乗せたいので、300円をプラスすると、トータルで1800円。この3つの要素が地域的、

アダム・スミス
(1723〜1790)経済学者

時代的に妥当であれば、このキュウリの値打ち（自然価格）は1800円に決まります。

しかし、問題はここからです。

そもそも市場というのは、価格を決めて売り出せば、その金額でそのまま売れるほど単純ではありません。**売買の現場では、自然価格よりも高くなったり、安くなったりするのが当たり前です。**

あなたがキュウリを1800円で売ろうとしても、「高いよ。1500円にしてよ」と言われれば、その価格で売ることもあるでしょうし、Aさんに1800円で売ろうとしたら、横からBさんが「2000円出すから、私に売ってくれ」と言い出すかもしれません。

そんな状況を鑑《かんが》みて、アダム・スミスは、実際に取引される価格に「市場価格」という別の名前をつけました。

「神の見えざる手」がやってのけること

さらに彼は、市場価格の決定に際して「需要と供給」というとても重要な概念を持ち込みました。

アダム・スミスは「市場価格は、商品に対して自然価格を支払う意思がある人々の有効な需要に左右される」と言っています。

つまり、市場に出る商品（供給）が有効需要（本気で買いたいと思い、買うことができる人）の数に達していなければ、当然買おうとする人の間で競争が起こり、市場価格は自然価格を超えます。

たとえば1リットルの水の自然価格が100円だとしても、災害時に水を求める人が大勢いれば競争となり、1リットルの水が200円、300円とどんどん高騰《こうとう》していきます。

そんな状況を見た企業が水をたくさんつくって売り出せば、今度は供給量が増え、いずれは有効需要を上回ります。

すると逆の現象が起こり、市場価格は自然価格を下回って、1リットルの水が80円、70円と下がっていく。

すると今度は、企業が水の供給量を減らし、水の価格は90円、100円と元に戻っていく。こうしたことが繰り返し起こるわけです。

したがって、**自然価格はすべての商品を絶えず引き寄せる中心価格であり、常に価格はこの中心に向かっていく**、とアダム・スミスは考えました。

一時的に市場価格は上がったり下がったりするが、いずれは自然な形で需要と供給のバランスが取れ、自然価格に近づいていく。**これが彼の主張であり、世に言われる「神の見**

えざる手」という考え方です。

アダム・スミスはこのメカニズムを分析し、提唱した人物として「経済学の父」と称されたのです。この「市場に任せておけば大丈夫」「神の見えざる手がうまく調整してくれる」という発想こそ、資本主義の根幹にあるものです。

人が自由に経済活動をしていれば、自ずと需要と供給のバランスが取れ、妥当な価格が決定し、まっとうな取引が成立する。

このアダム・スミスの主張について、あなたはどう思うでしょうか。「『経済学の父』の言うことだから、正しいに決まっている」などと考える必要はありません。

本当にそんなにうまくいくものなのか。

経済活動を市場にゆだねてしまうことで、経済はうまく回り、世の人々は幸せになれるのか。

次の項では、そんな資本主義経済に疑問を感じ、まったく異なる社会のあり方を示したカール・マルクスの主張を見ていきましょう。

「神の見えざる手」の働き

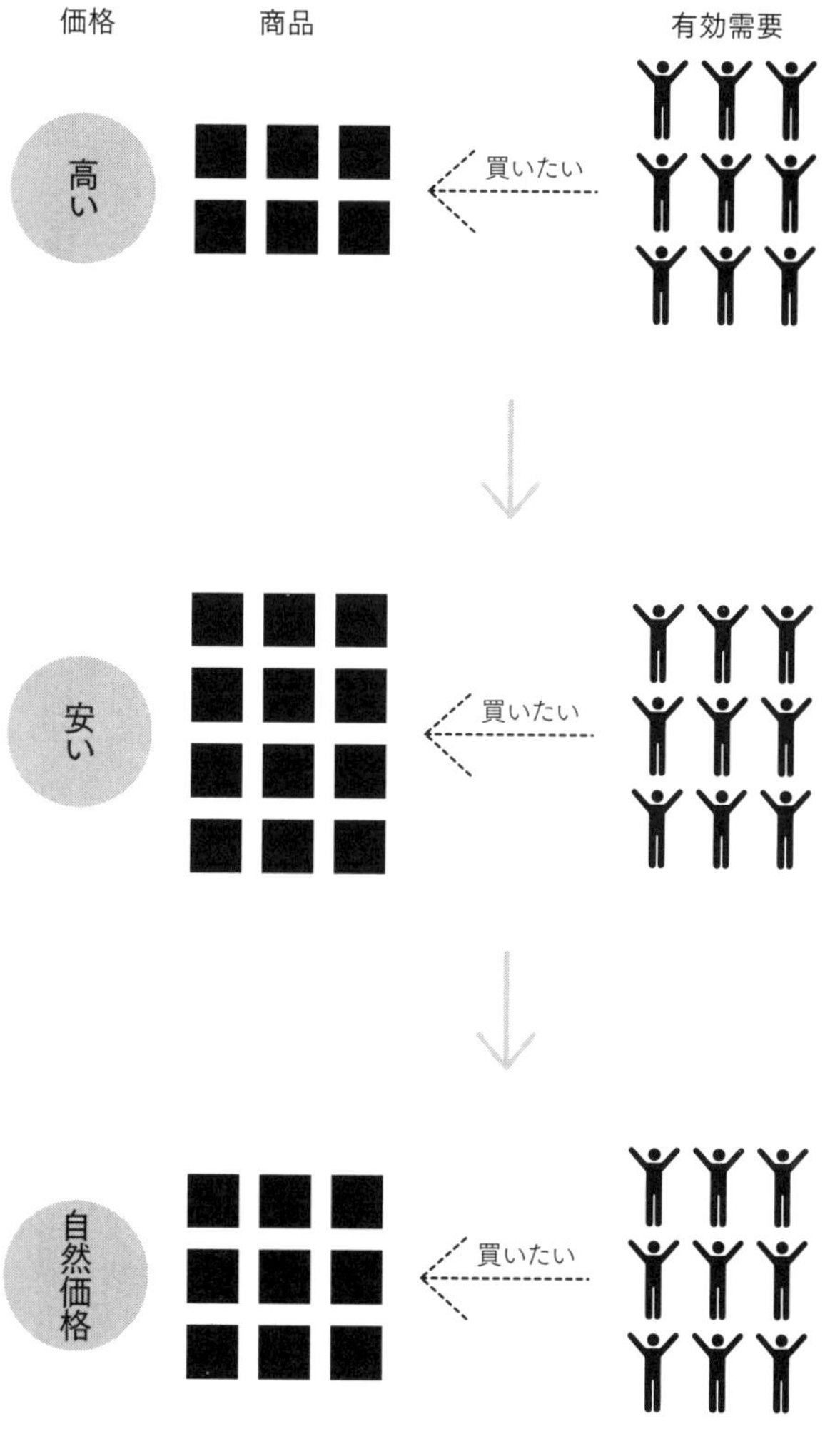

3 働かずにお金を掠め取っている人がいる

カール・マルクスは19世紀に活躍したドイツの思想家であり、経済学者。彼が書いた『資本論』は、資本主義経済を批判した代表的な著書であり、共産主義、社会主義運動の後ろ盾にもなっています。

世界でエリートや知識人と呼ばれる人たちは、現代の経済を語る際にも、マルクスの理論を思考や議論のベースとして必ず押さえています。

マルクスは、資本主義の何が問題だと主張したのでしょうか。順番に考えてみましょう。

マルクスにとって、経済の出発点となるのはやはり「労働」です。彼は「**あらゆる商品の価値は、その商品に含まれた労働の量に比例する**」という労働価値説を唱えています。

「労働が経済の出発点である」という意味では、マルクスもアダム・スミスも大きな違いはないわけです。

あなたがキュウリをつくって、その価格が市場で決まり、お金と交換する。そして、そのお金によってお米を買ったり、洋服を買ったりする。

そうした行為自体はマルクスも批判してはいません。

キュウリという商品から始まって、貨幣に交換し、その貨幣を使って別の商品を買う。この流れを「商品」と「貨幣」という二つのキーワードで示してみると、「商品－貨幣－商品」となります。

ここまではとくに問題はありません。

しかし、その先で起こる事態について、マルクスは大きな疑問を感じています。

たとえばこのケースにおいて、あなたはキュウリを1000円で売ったとしましょう。

ところが、あるAさんという人は「隣町ではキュウリが1100円で売れている」という情報を入手します。なんとも「儲けの匂い」のする情報です。

そこでAさんは、この町であなたから1000円のキュウリを買い、隣町で1100円で売る、という商売を始めました。

資本主義経済に慣れている私たちからすれば、「妥当なビ

カール・マルクス
(1818〜1883)思想家・経済学者

ジネス」と感じるかもしれませんが、マルクスは違いました。

マルクスの言い分はこうです。

1000円というお金を持ってきて、それを1100円にして差額を儲けるなんて、おかしい。「すべての始まりは労働である」という原則にも反するし、「商品－貨幣－商品」というまっとうな経済になっていない。

マルクスの言うとおり、Aさんの商売は「貨幣－商品－貨幣」という構成になっています。最初に1000円を用意して、あなたからキュウリを買い、さらに1100円で売る。

従来の「商品－貨幣－商品」とは逆の形になっています。

そもそも貨幣とは「物々交換は面倒だから、金属に一定の価値を認めよう」ということで誕生したものです。本来的に価値があるのは商品そのものであって、貨幣自体には何の価値もないはず。

ところがAさんは、**価値がないはずの貨幣からスタートし、新たな価値を生み出して、商売を成立させてしまっている。**

その状況についてマルクスは「Aさんは何の労働をすることもなく、生産もせず、たまたまお金を持っていただけで、そのお金を増やしている。これは問題である」と断罪したのです。

いや、Aさんだってまったく労働していないわけではないだろう、と思った人もいるでしょうか。情報収集をしたり、キュウリを隣町に運ぶといった立派な労働をしています。そういう反論は十分に考えられます。

しかし、マルクスから見れば、それは労働に属するものではなく、「貨幣－商品－貨幣」という形で価値を増殖させていることに変わりはない、ということのようです。

マルクスは、この増殖された価値を「剰余価値」と呼びました。

そうやって増殖された価値が資本となり、いずれは資本家が誕生し、剰余価値を生み出すことばかりに専心するようになる。

そこに彼は大きな問題を感じたのです。

理論を現実に当てはめた実験の結果は？

ここで経済の根本に戻ってみましょう。

そもそも、経済は「労働」によってスタートする。あなたが労働をして、生み出した生産物を売ると、その対価としてお金が入る。

これが基本です。生産者が労働によって生み出した価値を、消費者が買う。

しかし、この両者の間に割り込んできた資本家は1000円で買ったキュウリを1100円で売るわけです。

この資本家はいったい何を生み、何を売ったというのでしょうか。

「100円分の剰余価値」を勝手につくりだし、それを自分のポケットに入れただけではないか。そんな資本家なんて、そもそも不要な存在ではないのか。

そうマルクスは訴えました。


また、これまでのケースの場合、労働者はキュウリをつくり、その商品を資本家に売っています。

しかし、それが次の段階になると、労働者は「商品」ではなく、「労働そのもの」を資本家に売るようになります。資本家は、自分の土地に労働者を集め、その労働によって生まれた価値に、剰余価値を乗せて、消費者に売る。次第にそんな仕組みができあがってくるわけです。

会社の誕生です。

土地やお金を持っている資本家と、労働を売って生活する労働者。そんな両者に分かれてきます。

そして、**この関係において強者はどちらかと言えば、言うまでもなく資本家です。**

強者として資本家が存在する仕組みのなかで、労働者は「労働の本当の価値」通りにお金を得ることができるでしょうか。

仕事がなくなれば生活できないという窮状に追い込まれたら、「賃金は安いけど、仕方がない」と多くの労働者が安い賃金を受け入れざるを得なくなります。

結局、資本家は労働を安く買って、その労働によって生まれた価値を高く売ることで、さらに私腹を肥やしていく。

そんなシステムは間違っている、資本家の存在など認めるべきではない、とマルクスは訴えました。

だから、会社はすべて国有化して、「一部の誰かが得をする」システムを壊し、みんなが平等に、労働の価値を享受できる社会をつくらなければいけない、と彼は考え始めます。

そんなマルクスの思想を受けて、**「資本家の存在を取り除こう」という壮大な実験が行われたのがソ連という国**でした。

その後、ソ連がどのような末路に至ったか、それは多くのみなさんが知る通りです。彼らの大いなる実験は失敗に終わり、ソ連という国は、その経済システムと共に崩壊してしまいました。

しかしだからと言って、マルクスの主張そのものが間違っていたと安易に決めつけるべきではないと、私は考えます。

なぜならソ連の崩壊は、マルクスの思想が間違っていたからではなく、「一部の特権階級が、自身の私腹を肥やしたため」かもしれないからです。

たとえば、資本家の代わりに、国の上層部が自身の利益を確保するために労働者から搾取していたとしたら、それはもはやマルクスの思想とはかけ離れています。

もしマルクスが言う通りに、国や政府がしっかりと計画し、生産し、公正に分配がなされていたら、システムが崩壊することなく、人々は幸せに暮らしていたかもしれません。

共産主義、社会主義というシステムが問題なのではなく、そのシステムを正しく機能させられない「人間の愚かさ」こそが問題なのだ。そんな視点もあって当然です。

あなた自身は、どう考えますか？

4 「創造的破壊」を起こす

これまでの項では「資本主義と社会主義、どちらを支持するか？」という問いから始まって、アダム・スミスの『国富論』、マルクスの『資本論』についてそれぞれ考えてきました。さらに、ここではマルクス主義に真っ向から反論しつつ、別の意味で「資本主義の問題」を指摘したシュンペーターという人物を取り上げたいと思います。

ヨゼフ・シュンペーターは１８８３年にオーストリアに生まれ、アメリカに移住後は長くハーバード大学で教鞭をとった経済学者です。彼は次の２つの点において、マルクスの主張に反論しました。

１つ目はマルクスの労働価値説（「あらゆる商品の価値は、その商品に含まれた労働量に比例する」という説）について。

シュンペーターは「労働価値説が通用するのは、完全競争が成り立っているマーケットに限定される。それ以外のマーケットでは機能しない」と切って捨てます。

完全競争とは、需要も供給も十分にあって、フェアな経済活動が行われている状態のことです。たとえば、Aというジュース会社が自社の商品を高い価格で販売しようとしても、B社やC社という供給者がきちんとマーケットに存在していれば、当然消費者はB社、C社の安いジュースを買います。すると、A社も価格を下げざるを得なくなる。

このように、マーケットが正しい競争状態にあると、誰かが恣意《しい》的に価格を決定することができず、市場の論理（神の見えざる手）がきちんと機能する。これが完全競争です。

ただしこの完全競争というのは、実社会で常に成り立つわけではありません。

わかりやすいところで言えば、**日本の電力はある決まった会社から提供されるものなので、原理的には電力会社が一方的に価格を決めることができます**。完全競争とはほど遠い状況です。電力ほど極端な例でなくても、誰かが恣意的に価格を決めたり、市場に強い影響力を持っていることは決して珍しくありません。

それが市場の現実であり、マルクスの言う「労働の量＝価値＝価格」という主張はまったくもって正しくない。そうシュンペーターは指摘したのです。

そんな「評価」では誰もまともに働かない

さらに彼は、別の点でもマルクスに反論します。

仮に市場が完全競争の状態にあったとしても「商品の価値は労働量に比例する」という発想はあり得ない、と断言しました。

その理由について、具体例を挙げて説明しましょう。

たとえば、Aさんは1時間で100の仕事をするが、Bさんは同じ時間で50の仕事しかしない。この場合「1時間の労働」という意味での労働量は同じですが、生産性はまったく異なります。

マルクスの言う労働価値説は「労働の量」だけに注目していて、「生産性」を無視している。**生産性という要素を無視して商品の価値を決定づけるのはおかしい**、というのがシュンペーターの主張です。

事実、共産主義や社会主義（いわゆるマルクス主義）の経済では、労働意欲や生産性が軽視されがちです。「同じ時間働けば、(同じ価値を生み出し) 同じ給料がもらえる」というのはある意味とても平等で、多くの人が幸せになるシステムかもしれません。

しかしその一方で、「生産性に関係なく、同じように評価

ヨゼフ・シュンペーター
(1883～1950)経済学者

される」制度は、人々のやる気を奪い、生産性を著しく低下させるという問題を引き起こします。そんな問題に蓋《ふた》をして「同じ量の労働をすれば、同じ価値が創出される」とするマルクスの主張には欠陥がある、とシュンペーターは論じたのです。

成功すればするほど、終焉に近づくシステム

シュンペーターの主張で興味深いのはむしろその先です。

「マルクス批判」と聞くと、「それなら資本主義を賛美するのだろう」と想像しがちですが、シュンペーターがおもしろいのは、必ずしも資本主義を賛美してはいないところです。

むしろ彼は「**なぜ資本主義はダメになっていくのか**」について詳細に分析し、論じていきます。

彼は「資本主義経済は成功すればするほど、終焉に近づいていく」と語ります。

この矛盾する構造について、彼の主張を紐解いていきましょう。

それにはまず、シュンペーターの言う「資本主義の成功とは何か」というところから話を始めなければなりません。

元来、資本主義には「たくさんの需要があって、それに見合う十分な生産（供給）をして、

全体として経済を大きくしていくことこそ成功である」という発想が根底にあります。

そうやって経済が成長し、ビジネスがうまくいけば、成功した企業はどんどん大きくなり、生産の規模も販売の規模も大きくなっていく。つまり資本主義というのは、成功すればするほど経済の規模が大きくなり、会社は巨大化していきます。

シュンペーターはこの「大企業化」を資本主義の一つの成功と定義しました。

同時に、**この大企業化（資本主義の成功）こそ、資本主義を終焉に向かわせる大きな要因**だと彼は警告したのです。

大企業化が進むといったいどんな弊害が起こってくるのか。

シュンペーターの主張をさらに掘り下げていきましょう。

まず、大企業ができてくると、その会社は市場に対して大きな力を持つようになります。シェアを独占し、生産量を調整できるようになる。生産量が調整できるということは、すなわち、市場価格を調整できるということにほかなりません。

完全競争とはまったく逆の状況です。

マーケットに大きな力を持つ大企業は、自分たちの好きな分だけ商品をつくり、好きな価格で販売することが可能になってしまうのです。

たとえ対抗する中小企業が現れたとしても、大企業が一時的に厳しい価格競争をしかければ、体力のない中小企業はひとたまりもありません。そうやってまた、大企業が市場を管理、独占する状況が戻ってきます。

そんな状況が常態化すれば、組織に緊張感や危機感がなくなり、官僚的になってきます。従来通りに仕事をしていれば一定の業績は上がり、社員は給料を受け取ることができるのですから、こんな安定した状況はありません。

一見、何の問題もないように感じます。

しかし、この「とりあえずその会社で働いていれば、安定した給料がもらえる」という状況は、何かに似ていると思いませんか。まさに、社会主義と類似しているのです。

資本主義が成功し、大企業化が進むと、世の中はどんどん社会主義的になっていく。

そうシュンペーターは指摘しました。

市場を管理、統制しているのは国ではないので、厳密には社会主義ではありません。しかし、生産も、供給も、価格もすべて大企業が管理しているとなれば、もはやこれは社会主義と同じような状況です。安定という名の停滞から社会主義化が始まり、労働意欲が失われ、「生産性を向上させよう」という発想もなくなっていく。そうやって社会主義化することで、資本主義は崩壊していくとシュンペーターは考えたのです。

戦後の高度成長期を終え、絶頂期を少し過ぎた日本というのは、まさにこの「終焉への入り口」にいたとも表現できるのではないでしょうか。

シュンペーターという「物差し」を使う

成功すればするほど破滅へと向かっていく資本主義。

しかしだからと言って「破滅への道を黙って見守るしかない」とシュンペーターは考えていたわけではありません。

ここで彼の有名な「**創造的破壊**」という言葉が登場します。

シュンペーターは「資本主義とは、そのエンジンが回り続け、古いものを捨て、常に新しいものを生み出していくことで成り立つシステムである。だからこそ、創造的な破壊が必要なのだ」と力説します。つまり彼は、資本主義には常にイノベーション（技術革新）が必要だと考えたのです。

イノベーションが起こると、社会の構造は一気に変わります。

たとえば、インターネットという新しい技術が開発され、普及すれば、商品の開発から販売、広告宣伝、流通に至るまであらゆる分野で、従来の方法は通用しなくなります。

つまり、イノベーションが大企業化に風穴を開けるのです。そういった**時代を一変させ**

るイノベーションが資本主義には必要なのだと、シュンペーターは説きました。これが「創造的破壊」です。

社会の仕組みや政策を見ていると、アメリカという国は自由を愛する資本主義の牽引者《けんいんしゃ》であるだけあって、イノベーションの重要性を理解しているように感じます。たとえば、独占禁止法を厳しくすることで、大企業がその体力やネットワークを使って市場を独占することを抑制し、新しい企業に対して、できるだけ門戸を開こうとしています。

だからこそ、シリコンバレーのようなところが誕生し、アップルやインテル、グーグルやフェイスブックなど、人々の生活様式、コミュニケーションスタイルまでも一気に変革してしまうような、革新的な企業が生まれるのかもしれません。

翻って日本はどうでしょうか。**シュンペーターの言う「大企業化」にはまり込み、資本主義経済の終焉に近づいてはいないでしょうか。**イノベーションの大切さに気づかず、大企業を支援するような政策ばかり打ち出してはいないでしょうか。

いまの日本の政策や企業のあり方、ファンドや投資家の動きなどを見るのに、シュンペーターの思想を物差しとして使ってみてください。これもまた一つの見方に過ぎませんが、そこから見えてくること、考えるべきことが出てくるはずです。

5 お金はどこからも湧いてこない。ではどうするか？

これまで本章では「資本主義か、社会主義か」という視点から経済を考えてきましたが、この項ではもう少し議論を進めて「小さな政府（市場経済）か、それとも大きな政府の経済か」という切り口から考えてみたいと思います。

一言で言えば、市場に任せてできるだけ政府が介入しないのが市場経済であり、政府が大きく介入することで経済を安定させたり、成長させたりするのが大きな政府の経済です。

古典的な意味で言えば、**資本主義の大原則は市場経済にあります**。アダム・スミスの「神の見えざる手」がまさにその源流です。

一方の大きな政府の経済を極端に進めていけば、社会主義、共産主義へと向かっていきます。経済活動の多くの部分を国が管理、統制するという方向です。

ただし、「資本主義だからすべてを市場に任せればいい」とか「政府が介入すると社会主義化する」というほど経済は単純ではありません。

同じ資本主義という社会にあっても「より市場に任せる」というやり方もあれば、「積極的に政府が介入する」というアプローチもあるわけです。

資本主義経済にあって、本当に必要なのは「積極的に政府が介入し、コントロールすること」か、あるいは「できるだけ政府は介入せず、市場に任せること」なのか。

Q 政府は市場経済に介入すべきだと思いますか？　それとも市場に任せるべきだと思いますか？

これがこの項のテーマです。

「経済学の父」は間違っている

「政府介入か、市場に任せるべきか」を考える際、絶対に避けては通れない二人の経済学者がいます。

一人はケンブリッジ大学で教鞭をとっていたジョン・メイナード・ケインズというイギリスの経済学者。「政府は積極的に市場に介入すべき」という立場を取り、政府の働きかけによって失業者を減らすことが大事だと唱えた人物です。

そしてもう一人は、シカゴ大学で教鞭をとり、シカゴ大学を市場経済重視の聖地にしたフリードリヒ・ハイエクというオーストリア出身の経済学者。彼はケインズとはまったく異なり、「市場の自由に任せるべきだ」という意見の持ち主です。

二人はともに20世紀に活躍し、その後の時代に入っても「ケインズか、ハイエクか」という論争が続くほど好対照な存在です。二人の主張を踏まえたうえで、あなたはどう思うのか。ぜひ考えてみてほしいところです。


まずはケインズの主張から見ていきましょう。

本章で私たちは、アダム・スミスの「神の見えざる手」について学びました。その理論によれば「需要が少なくなれば、価格が下がり、需給は均衡《きんこう》し、市場は正常化する」はずです。

ところが、ケインズはこの発想に反論します。

このような古典的な経済理論が通用するのは、完全競争下にあるのはもちろん、失業者のいない完全雇用の状態のときに限られる。現実社会は完全競争でもなければ、失業者もい

ジョン・メイナード・ケインズ
(1883〜1946)経済学者

る。**そんな世の中で「市場の自由に任せておけば大丈夫」なんて発想は通用しない。**そこで、政府が需要を創出すべきだと考えたのです。

また、企業が需要に合わせて生産量を落としたら、当然一部の従業員を遊ばせることになります。企業としても遊んでいる従業員に給料を払うほどの余裕はないので解雇せざるを得ない。すると、さらに失業者が増え、よりいっそう需要は落ち込み、悪循環にはまってしまいます。

「神の見えざる手」に任せておくわけにはいかないというわけです。

穴を掘って自分で埋めれば経済はよくなる

ケインズは「市場に任せる」なんて悠長なことを言っていると結局は需要が落ち込み、経済は衰退する一方だ。だから、何よりも先に「需要を増やす」という発想が必要だと考えます。

需要を増やすには、雇用を増やすしかない。しかし、企業は人を雇う余裕などない。それなら政府が公共事業を実施して、人を雇って給料を払えばいいじゃないか、というのがケインズの論理です。

失業者が減れば、多くの人が収入を得るようになり、欲しいもの、必要なものを買うようになる。つまり需要が刺激されて、経済がより活性化していくはず。

ケインズがこの説を唱えた1930年代のアメリカでは「ニューディール政策」（公共事業により失業者を減らした政策）が成功し、ケインズ理論に相応の説得力があることが証明されました。

そもそもケインズは「**不況時は民間に任せているだけでは経済は好転しない**」という意見の持ち主です。

民間企業というものは「将来的な明るい見通し」がなければ、どんどん生産を縮小するもので、生産を縮小すれば、雇用が減り、ますます失業者を増やすことになる。

さらに、「将来的な明るい見通し」がなく、生産を縮小している企業に投資をしようなんて投資家はいないので、当然株価は下がり、さらに見通しが暗くなる。

ケインズに言わせれば「不況時は民間に任せていても、世間は暗くなる一方だ」というわけです。そんな状況を打開すべく、失業者に仕事と賃金を与え、明るい見通しを立てられるのは政府だけだ。だからケインズは「穴を掘って埋めるだけの作業に、政府がお金を出せば経済はよくなる」とまで言いました。

これはこれで、なかなかおもしろい経済理論ではないでしょうか。加えて、一定の成果をあげているのですから、決して無視できないアプローチです。

穴を掘っている場合ではない借金大国

とはいえ、ケインズ理論にも欠陥はあります。日本に住む多くの人が気づいている通り、**「国にお金がなかったらどうするんだ?」**という問題です。

国にお金がなければ、国債を発行するなど、借金してお金をつくればいいという発想もあるでしょう。日本でも国が借金をすることで、需要を刺激する政策が何度も取られています。

しかし、そもそも経済にはさまざまな要素が絡んでくるもので、公共事業で失業者を減らせば、必ず活性化するというものではありません。オイルショックが起こったり、為替《かわせ》相場に変動があれば、たちまち経済状況は一変してしまいます。

まして、海の向こうで起こったリーマン・ショックで世界中が風邪を引くという時代ですから、一国の経済政策はとてもシナリオ通りには進みません。

つまり、**国が借金をして経済政策を取ったとしても効果がなく、借金を抱えるだけに終**

わる可能性も十分にあるわけです。それならばと、さらに次の借金をして経済政策に打って出るというのは最悪の悪循環です。

国の借金は、将来的に誰かが返さなければならないものです。「経済が活性化すれば、税収が増え、いずれ返せるだろう」というのもある側面では事実ですが、借金の額が膨らんでくれば、そうそう簡単ではありません。

そんな切迫した状況に気づいた国民は、「いずれは抜本的な増税がなされるだろう」と思うようになり、「そのときに備えて貯金しておこう」というメンタリティになっていきます。

将来の見通しを明るくするどころか、かえって暗くしてしまうのです。

ケインズよりも100年近く前に生まれたデイビッド・リカードというイギリスの経済学者がすでに、「公債が増えると（国の借金が増えると）、人々は将来の増税を見越して、現在の消費を少なくするだろう」と述べています。

「穴を掘って埋めるだけの作業に政府がお金を出せば、経済はよくなる」という理屈が常に通用するわけではないのです。

もちろん経済政策というのは、それぞれの時代や国がおか

デイビッド・リカード
（1772〜1823）経済学者

れている状況に応じて変えていくべきもので、「これが正しい」「これは間違っている」という普遍的な評価を下せるものではありません。

ケインズの理論にも正しい側面もあれば、間違っている部分もあって当然です。

ここで重要なのは「自分はどう思うのか」というあなたの視点であり、「では、現代ではどういう考え方が有効だろうか」と、当事者として自分なりに考えることです。

ケインズ理論の光と影を見てきたところで、今度は好敵手ハイエクの主張に移っていきましょう。

「個人が成長しろ」と叱る経済理論

ハイエクの主張をもっとも端的に表現するなら「自覚を持った自由主義」だと私は解釈しています。

彼はケインズとは異なり「政府は過度に介入するのではなく、市場に任せるべきだ」という立場を取っています。

ただし、個人としても、組織としても「ただ自由であればいい」と自由放任を謳《うた》っているわけではありません。

ハイエクの自由とは、言わば「自覚を持った厳しい自由」です。

彼は、次のように**3つのなすべきこと**を私たちに示しています。

第1は「大きく変わった状況に対して、全員が自分自身を急速に適応させていく準備をすること」です。社会はさまざまに変化していくが、その変化に対して、個人は急速に適応していかなければいけない。

これはじつに厳しい意見です。経済が停滞し失業者が増えたとしても、まずはその環境、状況に個人として適応しなければならない。たとえば、グローバル化に合わせてTOEICで700点以上を目指すといったことです。

そして第2は「特定のグループが得てきたメリットを許さないこと」。

ハイエクの基本的な考えのなかには「政府が市場に介入しようとしても、結局は特定の誰かのために働くだけで信用できない」という思いがあります。

政府が公共事業を主導しても、特定の企業や団体にメリットがあるように利益誘導をするなどの問題が起こる。だから、本当に必要な部分に必要な働きかけをすることはできないとハイエクは考えていました。**いくら時代が変わっても、組織**

フリードリヒ・ハイエク
(1889〜1992)経済学者・哲学者

があるところには必ずと言っていいほど不当な利益誘導や汚職、贈収賄が満ちていること

を考えると、ハイエクの言うことはもっともに聞こえます。

そして第3は「すべての諸資源をすべての人々が豊かになっていくのにもっとも貢献する分野へ投入しなければならない」ということです。

自分たちが持っているすべての諸資源（それはお金であり、天然資源であり、時間や労働も含まれるかもしれません）を「この分野に投入すれば、すべての人が豊かになっていく」と思われるところへ投入すること。

それによって特定の誰かが得をすることにならないよう、熟慮して資源の投入先を決めなくてはならないとハイエクは考えました。

まずは自分でなんとかする。

民間の自由に任せ、一部の人が得をするシステムをなくす。

あらゆる資源を、もっとも有効なところに投下する。

これがハイエクの考えです。

このハイエクの主張を見て、「あまり即効性はなさそうだ」と感じる人もいるでしょう

か。ケインズの「失業者にお金を持たせて、需要を刺激しよう」というアプローチに比べれば、これは、気の長い話に見えます。

ハイエク自身、こうした経済政策は短期的な効果が期待できるものではなく、「**中・長期的な視野に立つことが大事**」だと考えていました。

ハイエクはケインズの「公共事業で需要を刺激しよう」という政策は、自身の経済政策とは反対に、「短期的な効果しか望めない」と厳しく批判しています。

一時的に経済が上向いたとしても、根本の解決には至らず、政府のお金が底を突けば解決策そのものが新たな問題を生む源となってしまう。

だからこそ、個人が強く、成長しなければいけない。たとえ、それが厳しい意見だとしても、そうしなければ長期的に経済を改善させることはできない、ということです。

この問題は第2章の「国家とは何か」という問題にもつながるでしょうし、第3章の「自由と平等」というテーマにも関わってきます。

ケインズが言うように、行き詰まった経済状況を打開できるのは、たしかに政府、国家かもしれません。

しかしその政府は「特定の人」の利益のためでなく、本当に国民のためを思って働きかけることができるのでしょうか。
あるいは、政府のおかげで一時的に個人が収入を得たところで、それで本当に未来は明るくなるのでしょうか。

Q あなたはケインズとハイエク、どちらの主張に共感を覚えますか？　いまの日本には、そして世界にはどちらの視点が必要だと思いますか？

「世界の事情などわからない」で、思考を止めないでください。正解はないので、自分の知っている情報だけからでも、自分の考えを組み立ててみてください。

practice

国家予算をつくってみる

経済をテーマとした本章の最後に「国家予算をつくってみる」という演習をやってみたいと思います。これは私のクラスでも実際にやってみたものです。

とはいえ、ゼロから国家予算をつくることはかなり困難なので、平成25年度の日本の予算を見ながら、「本当にこの使い方でいいのか」をチェックしてみたいと思います。

あなたならどんな分野の支出を削り、どんな分野にお金を投入するのか。

そんなことも併せて考えてみてください。

恒常的な「借金体質」をどうするか？

日本の国家予算を考えるにあたり、何よりもまず知っておいてほしいのはプライマリーバランス（基礎的財政収支）について。簡単に言えば借金返済分を除いた「収入と支出のス」です。

国の予算なので、収入は「歳入」、支出は「歳出」となるのですが、歳入が歳出を上回っていればプライマリーバランスはプラスということです。

多くの人が知っている通り、日本はものすごい借金体質の国。プライマリーバランスは恒常的にマイナス続きです。

25年度政府予算案を見ると、歳入項目を合計すると約47兆円。

それに対して、借金返済を除いた歳出の合計は約70兆円です。

一般の人の月の収支に置き換えるなら、**月給47万円の人が「この1カ月で70万円使おう」という予定を立てているのと同じです。**

ところが国はそんな予算を立てて、借金返済分も合わせて足りない部分は「国債・公債」という借金によってまかなっていきます。

25年度予算における公債金は約45兆円。税収とほぼ同額の借金をして予算を組んでいる状態です。

また、日本は過去からずっと借金を続けてきているので、毎年まとまった額を返済していかなければなりません。

25年度予算で見ると、国債費（借金の返済）が約22兆円。給料をもらうたびに約半分が

日本の苦しい財政状況

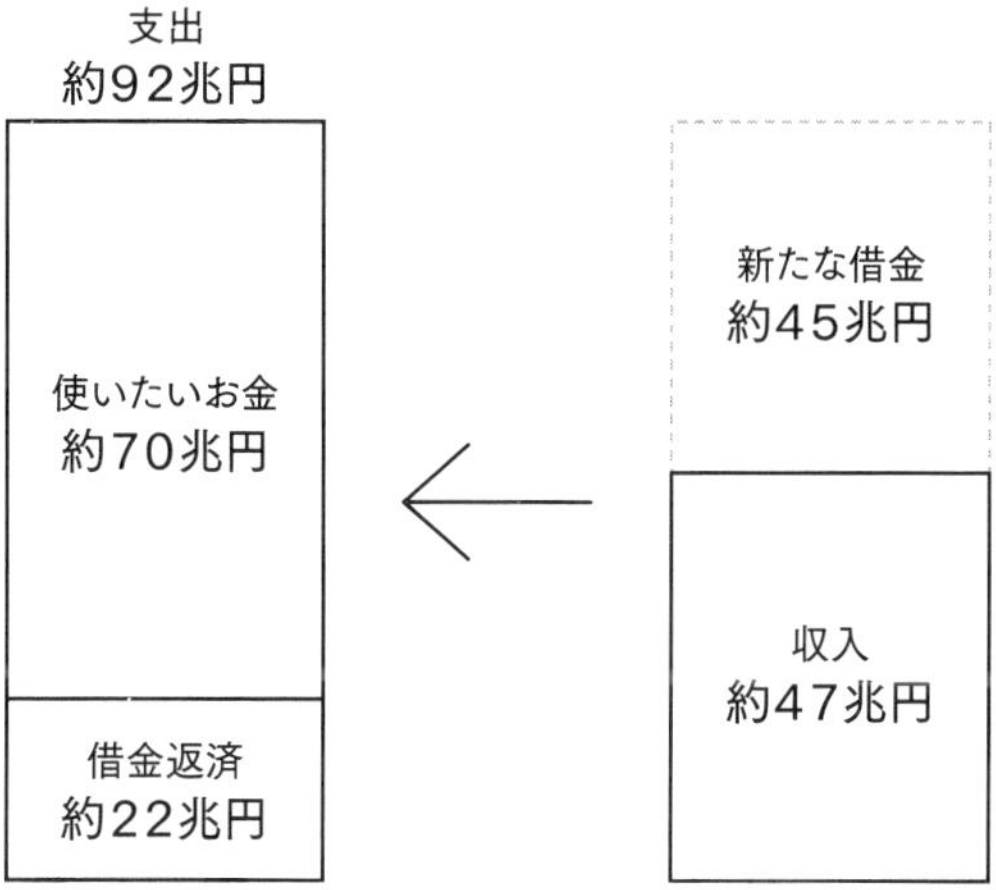

借金返済で消えるといった感覚です。

もっとも、この歳出がある年にはマイナスに働いても、その歳出が派及効果を生み、税収を増やすことで、長期的にプライマリーバランスをよくするという考えもあります。

本書では、日本のプライマリーバランスを批判しようというわけではありませんが、せめて国の財政事情くらいは知っておくべきでしょう。

なお、この演習で取り扱っている数値は実際のデータを元にしていますが、わかりやすくするために大雑把な数字に修正しています。詳細な数字を知りたい人は、財務省のホームページから「平成25年度予算政府案」を参照してください。

コストの投下が「もっとも有効な分野」を見つける

さて、日本の借金体質の話に触れたところで、本題である「歳出」のチェックに入っていきましょう。すでに述べた通り、歳出の合計は92兆円。ただし、そのうち22兆円は借金の返済で消えます。つまり、残りは約70兆円。

そしてあらかじめ言っておくと、歳出のなかには大きなウェイトを占めている「地方交付税交付金」というものがあります。これは地方自治体に分配すべきお金です。この合計が約16兆円。その他細かい項目のお金をすべて差し引いて、**残ったお金約45兆円を「日本のためにどう使うか？」を考えてください。**

振り分けてほしい支出科目は次の5つです。

・社会保障関係費……赤ちゃんからお年寄りまでの生活を守るための費用
・公共事業関係費……道路の補修など、開発のための費用
・文教、科学振興費……教育や科学のための費用

・防衛関係費……国を守るための費用
・経済協力費……途上国などの経済支援のための費用

では、考えてみましょう。

実際の25年度予算の割り振りは以下の通りです。

・社会保障関係費……約29兆1000億円
・公共事業関係費……約5兆3000億円
・文教、科学振興費……約5兆4000億円
・防衛関係費……約4兆8000億円
・経済協力費……約5000億円
(合計約45兆円)

このお金の使い方について、あなたならどうすべきだと思うでしょうか。

Q あなたは45兆円の使い道をどのように変更しますか?

このお金の配分は、例年あまり大きく変動してはいません。「日本は借金大国だから、返済額を多くしよう」という動きが目立ってあるわけでもなく、「これからはイノベーションが大事だから、文教・科学振興費を多めにしよう」という予算が組まれているわけでもありません。

よく言えば「妥当」に組まれているわけですが、これだけの借金を抱えながら、ドラスティックな対策を講じているようには見えません。

また、消費税率アップの提案をする際、多くの政治家が「アップした税収は社会保障に使います」と声高に訴えますが、現段階でも社会保障関係費は約30兆円という大きな割合になっています。**それでもなお、社会保障費は増やすべきなのでしょうか。**

そんなことを改めて見直してみるのがこの演習の目的です。

私のクラスで実施した際には「社会保障費を半分ほどに減らそう」と提案をした生徒がいました。

「どうして社会保障費を減らすべきなのか」と尋ねてみたら、「申し訳ないけど、お年寄りにはできるだけ自分の貯金を使って生活してもらうことが必要だと思うから」と彼は言っていました。

この考え方に多くの問題が含まれていることは、彼自身も理解しています。

しかし、**国がお年寄りに使うお金を減らすことができれば、借金の返済、教育分野、公共事業など、国の経済が発展する方向にお金を振り分けることができることも事実**です。

そして彼は「お年寄りが貯金を使うようになれば、需要を高めることにもつながる」と言っていました。ケインズがやろうとした「需要を刺激する」という経済政策を、彼は「社会保障費の削減」という方法でやってみようと考えたわけです。

一方、「社会保障費を削るとお年寄りに余裕がなくなり、むしろお金を貯め込むようになるのでは？」という意見もありました。

別の生徒は「防衛関係費を増やそう」と提案しました。

彼女によると「日本はもっと軍事力を高めることで、スイスのような『中立国』を目指すべきだ」と言うのです。経済的にも政治的にも、日本が真の独立を果たすには、アメリカ依存から脱却しなければならない。「アメリカがいなければ何もできない」という状況だから中国や韓国などの近隣諸国との外交もうまくいかない、というのが彼女の考えです。
これもまた、日本という国のあり方を考えさせられる、重要な視点ではないでしょうか。

あるいは、「震災後の復興が思うように進まなかったり、経済的にも逼迫《ひっぱく》している日本という国が、5000億円もの経済協力費を支出する必要があるのか」「教育や科学振興にもっと力を入れるべきではないのか」など、さまざまな意見が飛び交いました。

介護や福祉の仕事をしている人なら「もっと国にサポートしてほしい」と思うでしょうし、教育現場の最前線で働く人は「教育に力を入れなければ、日本の将来は暗い」と感じるでしょう。

それらの意見はとても貴重で、大事なものです。

だからこそ、そうした意見を持つ際には、自分に関連する分野だけを見るのではなく、「国の予算全体にも興味を持つ」という一つ大きな視点も併せ持ってもらいたいのです。

ハイエクが言った「**あらゆる資源を、もっとも有効と思われる分野に投下する**」という発想にも通じる部分です。

そのためには「国家とはどうあるべきか」「いま、日本が優先すべき課題とは何なのか」という点について、自分なりの意見を持ち、周りの人と議論してみてほしいと思います。

column

莫大なお金を持っている人の生活

テレビや雑誌でもときどき紹介されますが、世界の「お金持ち」というのはとにかくケタが違います。

日本でパイプオルガンと言えば「サントリーホールで見たことがある」という程度の人が多いでしょうが、なんとビル・ゲイツは自宅にパイプオルガンを持っているそうです。

また、アラブの大富豪たちは、玩具の一つとして潜水艦を欲しがると言います。潜水艦でいったいどんな遊びをするのか想像もつきませんが、彼らの「遊び」はそのスケールもケタ違いです。

私が経験したことで言えば、ある友人から「ホームパーティをするから来てよ」と誘われて「どうやって行ったらいい?」と尋ねたら、「**ヘリを何台かチャーターしたから、それに乗ってきて**」と言われたことがありました。

言われた通りヘリに乗ってお城のようなパーティ会場に着いてみると、何百人もの招待客がいて、何十人もの一流シェフが集まっているという驚くべき〝ホームパーティ〟でした。

あるいは、大富豪に「家の住所を教えてくれる？」と言うと、「それはニューヨークの家？　ロスの家？　モナコの家？　ドバイの家？」と聞き返されるなんて話も聞きます。地中海に別荘を持っているなんてレベルははるかに超えていて、本当に世界中を飛び回り、どこが家だかわからないのです。

そんな大富豪たちの暮らしぶりを聞いて、あなたはどう感じるでしょうか。

「うらやましいな」「できれば自分もそんな暮らしをしてみたいな」と思いますか。それとも、「そんなお金があるなら、もっと貧しい人のために使えばいいのに」と感じるでしょうか。

じつはその感じ方にも「資本主義的な傾向」「社会主義的な傾向」が透けて見えます。自由を愛するか、平等を求めるか、と言い換えることもできます。

私の印象では、**日本人には「超リッチな生活」をしている人も、それを求めている人も、案外少ない**ように感じます。お金を持っていないという現実的な側面は別にして、「超リッチな生活」をそれほど好まない傾向があるようです。

日本という社会は、「超リッチな生活」にあまりポジティブなイメージを持っていないのです。

一方、アメリカ社会はまったく逆で、アメリカンドリームをつかんだ成功者は、まさにド派手な生活を心から謳歌しますし、多くの人が「あんなふうに暮らしたい」と憧れの目を向けます。

実際、欧米のリッチマンたちは莫大な税金を払い、それを超える寄付をしている人も多いので、そんなことをすべて含めて、社会全体が成功者を認め、讃えるという文化が根づいています。

もし、あなたが事業で大成功をして、莫大なお金を手にすることができたなら、何をしたいですか。どんな生活をしたいと思いますか。

第5章

「科学技術」「自然」観を持つ

学技術は進歩すれば するほどいいのか?

Q 芸術は科学ほど必要ではないか?

2011年フランス・バカロレア哲学試験問題より

これは2011年のフランス・バカロレア試験で出された問題です。日本の受験勉強に慣れ親しんだ人であれば、大学受験で「芸術」の意義を問うのに戸惑うかもしれません。日本の平均的な高校生は音楽や美術の授業中に数学などの受験勉強をしているほどです。

しかし**世界の知識層の間では、音楽や美術といった芸術を理解できないようでは「人間の本質」を理解できないと考えられています。**

ただ、この問いをぱっと見たとき私が最初に思ったのは「いきなり科学と芸術を比較するのはむずかしいな」というものでした。

たしかに、「科学と芸術」について考えることは大切です。

しかし、そのためには「そもそも科学とは何か？」を定義しなければなりませんし、科学について考えるには、「自然」というテーマを避けては通れません。

そこで第5章では「科学技術と自然」というテーマから入って、芸術論にまで言及していきたいと思います。

そもそも科学とは何か？　人類にどのようなメリット、デメリットをもたらすのか？

そんなことを考えてみたことがあるでしょうか。

あなたは「科学技術は進歩すればするだけよい」と思うでしょうか。それとも「科学技術の進歩より、もっと優先すべきことがある」と考えるでしょうか。

この問い一つを取っても、さまざまな意見が飛び交い、議論はとても盛り上がるでしょう。

その意見は途上国では通用しない

改めて言うまでもなく、科学技術は猛烈な勢いで日々進化しています。この100年の間に人々の暮らしは大きく様変わりしました。移動速度は速くなり、情報処理に関しては速度も量も飛躍的に向上しました。インターネットをはじめとするIT技術の発達により、私たちの生活、ビジネススタイルは大きく変化しました。

しかし、そんな科学技術の進歩の裏で、自然破壊が進行したこともまた動かしようのない事実です。もう何年も前から「地球環境を守ろう」という活動は世界中で行われていますし、きっと本書の読者にも環境問題に真剣に取り組んでいる人がいるでしょう。

では私たちは、科学技術の発達より、自然保護を優先すべきなのでしょうか。

これもまた簡単には答えの出ない問題です。

すでに経済発展を遂げ、国民の多くが（経済的に）豊かに暮らしている国では「自然を保護しよう」と比較的容易に言えるかもしれません。

しかし、そうでない国も世界にはたくさんあります。

「いまこそ工業化を進め、経済発展しなければ貧困層から抜けられない」という国の人たちに向かって、「自然保護が大事だ」「環境保全をするべきだ」と言ったところで、どれほど真剣に受け取ってくれるでしょうか。

彼らの目の前には、もっと切迫した危機的状況が大きく横たわっているのです。

そんなバラつきがあるなかで、私たちは地球という一つの星に暮らしています。

はたして私たちは「科学技術と自然」という問題にどのように向き合っていくべきなのか。それが本章の最初のテーマです。

2 自然との「関係」を捉え直す

「科学技術と自然」というテーマを扱うにあたり、最初に取り上げたいのは「認識」の章でも登場したデカルトの思想です。

デカルトが活躍したのは17世紀のフランス。言うまでもなく、現在に比べて科学技術は劣っており、自然現象の多くは解明されていませんでした。原因不明の自然現象についてては「神の力」によるものと解釈されることも多く、「科学によって解明しよう」というアプローチそのものが浸透していない時代でした。

そんな時代にあって、デカルトはこんなことを言っています。

学校で教えている理論的な哲学のかわりに、実践的な哲学が見つけられることがわかった。実践的な哲学によって、私たちは火や水や空気や天体や天空、そのほか私たちを取り巻くあらゆる物体の力をはっきりと知ることができる。

表現を少しかみ砕くと、「学校で教えている理論的な哲学」とは形而上学に代表される「頭の中で考える哲学」のこと。つまり、そんな理念的、観念的なものではなく、もっと「実践的な哲学」（実践的な知識や技術とも言い換えられる）を学ぶことが大事である。**実践的な知識や技術を学べば、火や水、天体や天空といった自然界の成り立ちをより理解することができる**とデカルトは説いたのです。

目の前で起こる出来事を「神の力」によるものと捉えていた時代背景を考えれば、デカルトがいかに先進的な思想を持ち、科学技術を信奉していたかがわかるでしょう。

「土地を所有する」とはどういうことか？

さらに彼は「実践的な哲学（科学の知識、技術）によって、物体の力や働きを利用し、（人間は）自然の主人、所有者のようになることができる」とも語っています。

なんとも大胆な意見です。「**人類は自然の所有者になれる**」という発想を、１６００年代にデカルトはすでに抱いていたのです。

「人類が自然の所有者になる」なんて言うと、「思い上がりだ」「人間のエゴ」「神への冒《ぼう》瀆《とく》だ」と思う人もいるでしょう。

しかし、そもそも科学技術というのは「自然の成り立ちを解明し、人間にとって使いやすいものにしよう」という発想からスタートしているものにほかなりません。

パソコンやテレビなど、どんな工業製品であれ、どんなハイテク技術であれ、もとはすべて自然にあるものです。

自然にあるものの仕組みを解明し、その働きを利用し、ときに形や成分を変え、さまざまな便利品につくりかえる。それが科学技術です。

そう考えると、人間が「自然の所有者になる」という発想は、あながち突飛《とっぴ》なことではなさそうです。

デカルトの時代に比べて、現代は比較にならないほど科学技術が発達しています。デカルトの言葉を借りるなら「人間はより自然の所有者に近づいた」と言えるのかもしれません。

あなたはどう思うでしょう。

人類は本当に自然の所有者に近づいているのでしょうか。

あるいは、自然の所有者になること（それを目指すこと）は本当に正しいのでしょうか。

そもそも、資本主義の根本にある「土地を所有する」という発想自体、自然を支配することにほかならないという考え方もできます。土地というのは言うまでもなく自然の一部。その自然の一部を「人間が所有する」という発想自体に問題はないのでしょうか。

Q もしあなたが「人間が自然の所有者になるという発想は傲慢《ごうまん》だ」と思いながら、土地などの不動産を所有しているとしたら、その関係をどう説明しますか?

そのように「人間と自然の関係」を考えていくと、じつにさまざまな問題が浮き彫りになってきます。

じつは私たちは、デカルトの言葉にある種の反感を覚えながらも、現実には「自然の所有者たる道」を長きにわたってひた走ってきたのではないでしょうか。

次の項では、そんな私たちに警鐘を鳴らし、「人間と自然との関係」の見直しを迫ったレイチェル・カーソンの主張を見ていきましょう。

3 人は破滅に向かって旅をしている

レイチェル・カーソンは20世紀に活躍したアメリカの生物学者。彼女の著書『沈黙の春』は環境問題を告発した衝撃的な本として、世界中でベストセラーになりました。

本書の読者にも、彼女の本を読んだことがある人は多いのではないでしょうか。

彼女は本のなかで、有害な化学物質が生態系へ大きなダメージを与えると主張し、農薬の影響によって鳥たちが鳴かなくなった地域の事例を紹介しました。その「**鳴かなくなった鳥たちの姿**」こそ、タイトルの『沈黙の春』につながっているわけです。

因果関係や科学的根拠など、彼女の主張に反論している専門家も大勢いますが、『沈黙の春』が環境保護派の人たちにとっていまなおバイブル的に読み継がれていることは事実です。

レイチェル・カーソンは次のように語っています。

自分たちの満足のゆくように勝手気儘《きまま》に自然を変えようと、いろいろあぶない橋を渡りながら、しかも身の破滅をまねくとすれば、これほど皮肉なことはない。（中略）あまり口にされないが、真実はだれの目にもあきらかである。自然は、人間が勝手に考えるほどたやすくは改造できない。

「人間の都合で自然の形を変えていけば、翻って人類自身の破滅を招く」と彼女は厳しく警告しているのです。

デカルトとは正反対の主張です。「人間が自然の所有者になる」なんて発想は、彼女は微塵《みじん》も持っていないでしょう。

レイチェル・カーソンは生物学者として、人間というのは不完全な存在であり、どんなに英知を結集しても自然を征服したり、所有したり、制御することなどはできないという立場に立ちました。

スピードに酔ってはいけない

レイチェル・カーソンの発想からは東洋哲学にも通じるものを感じます。私たち日本人には比較的なじみやすいのではないでしょうか。

日本人は、台風、津波、地震など、歴史のなかで何度も自然の猛威にさらされながら、自然を崇拝するという思想を持ち続けてきました。山岳信仰などは、まさにその代表例です。日本人の根底には「自然を支配しよう」という発想はあまりないように思います。

彼女は「**生物と生物の間には網の目をはりめぐらしたような関係があり、すべては寸分の狂いもなく一つにまとまっている。**この事実を無視するのは、絶壁の上に立って重力などないとうそぶくのと同じだ」とも語っています。

人類が推し進めてきた科学技術の発展が生態系を壊しているのだとしたら、それはじつに愚かしい行為であり、いずれは痛い目に遭う。そうレイチェル・カーソンは批判しているのです。

そして彼女は「いまや分かれ道にいる」と現代を生きる私たちに警鐘を鳴らしています。

長いあいだ旅してきた道は、すばらしい高速道路で、すごいスピードに酔うこともできるが、私たちはだまされているのだ。その行きつく先は禍《わざわい》であり破滅だ。

レイチェル・カーソン
(1907〜1964)生物学者

もう一つの道は、あまり人も行かないが、この分かれ道を行くときにこそ、私たちの住んでいるこの地球の安全を守れる、最後の、唯一のチャンスがあると言えよう。

このように彼女は述べることで、科学技術の発展だけを推し進めてきた人類に、新たな道へ進むことを訴えています。

彼女は「科学技術か、自然保護か」という単純な二者択一の議論をしているわけではありません。しかし、これまでの社会はあまりにも科学技術の進歩、経済的発展に重きが置かれ過ぎてきた。そこで、「**いまこそ私たちは分かれ道にいる**」のだと強く訴えているのです。

あなたはこのレイチェル・カーソンの訴えをどのように受け止めるでしょうか。

私たちは、これまで通り科学技術を発展させ続けてもよいのでしょうか。

あるいは、その発展を犠牲にしてでも、自然を保護し、生態系を守っていかなければならないのでしょうか。

「絶滅危惧種」と聞くと急に守りたくなる

レイチェル・カーソンの主張に関連して、ここで少し「生物多様性」についても考えておきたいと思います。

自然保護や環境活動の議論をしたり、その種のイベントに参加すると、頻繁に「生物多様性」という言葉が登場します。文字通り「たくさんの種が存在し、多様であること」ですが、なぜ生物多様性は必要なのでしょうか。

端的に言えば、**なぜ私たちは生物の絶滅を危惧し、積極的に保護活動をしなければならないのでしょう。**

たとえば、テレビで「この生物は絶滅に瀕している」と知れば、なんとなく「それは問題だ」「保護しなければいけない」と思います。

しかし、そもそもなぜ保護しなければならないのでしょう。どうして絶滅してはいけないのでしょうか。

本来、自然界は弱肉強食が当たり前の世界。「環境に適応できず、淘汰《とうた》されるのは仕方がない」という考え方もあり得ます。

ところが、世の中では生物多様性の重要性が叫ばれ、絶滅危惧種を保護しようとする。いったいなぜでしょうか。

その答えを求めて、以前私は生命誌研究者の中村桂子先生に話を聞いたことがあります。

中村先生によると、生物は多様性を持つことによって「生物そのもの」として生き残ろうとする働きがあるそうです。

それぞれの種が生き残ろうとするのはもちろん、過酷な環境変化が起こったとしても、何かしらの種が生き残れるように多様性を確保する。そんな働きが自然界にはあるというのです。

共に生き、天変地異が起こったときには誰かが生き残るという発想です。

生物の歴史を眺めてみると、実際にたいへんな天変地異があった後ほど、より多くの種が誕生し、多様性が高くなっているそうです。

自分たちという「一つの種」が生き残るのではなく、生物全体で命をつないでいく。そんな大きな視点に立つからこそ、生物多様性が必要なのだと、中村先生は教えてくれました。

さて、私たち人類がやっていることは、その生物のあり方に即しているでしょうか。

人類だけの（もっと言えば一部の人だけの）メリットを考え、自然を破壊し、他の生物の生息圏《せいそくけん》を狭め、生物みんなが目指している「多様性」の邪魔をしてはいないでしょうか。

私は生物多様性を守ることが唯一無二の正解だと思っているわけではありません。人類には人類の都合や事情があります。

ただしその一方で、人間も自然の一員であり、生物多様性を構成する一つの種に過ぎないという視点もときには必要だと思います。

そんなことを踏まえたうえで、改めて問います。

Q あなたは「科学技術」と「自然」、どちらが大事だと思いますか。

考えるためのきっかけとしてあえてどちらかだと答えてから、論拠について考えを絞ってください。

私たちにとって、あるいは地球全体にとって、最適な科学技術とはどのようなものでしょうか。どのようなベクトルの、どのような科学技術が望ましいでしょうか。

個人としても、企業としても、国家としても、そして地球の一員としても、みんなが考えるべき問題です。

practice

「環境サミット」で意見を言う

第5章の途中ですが、ここで一つ演習をしてみたいと思います。

2012年6月、ブラジルのリオデジャネイロで「国連持続可能な開発会議」が実施されました。いわゆる「環境サミット」です。

会議の名称にもなっている「持続可能」というのが大きなカギなのですが、直面している問題は国や地域によってまったく異なります。

そもそもこの会議は、世界各国の代表が集まって「グリーン経済」について話し合おうという試みなのですが、そもそも「グリーン経済とは？」という定義についてもなかなか合意できないのが実情でした。

さて、**この会議にあなたが参加するとしたら、どのような立場で、どのような意見を述べるでしょうか。**

それが今回の演習です。

「環境を守れ」は身勝手な論理

この会議に参加するにあたって押さえておきたいことが二つあります。

一つは、世界には先進国と発展途上国があるということ。また、一言で発展途上国と言っても、経済が上り調子の国もあれば、非常に貧しい国もあります。

そしてもう一つは、先進国には財政的に苦しいところが多く、発展途上国への援助を拡大するほどの余裕を持っていないという点です。

以上の点を踏まえて、先進国A、発展途上国Bの主張をそれぞれ聞いてみましょう。

先進国Aの主張

自国の経済成長の結果生じた環境問題に関しては、まずもって自国で対応すべきである。

生態系の価値評価をしっかりして、自国外に影響をもたらした環境被害に対しては、明確な保障をすることが重要。

また、国際的な目標、目的、行動に関しては、期限を決めた経済ロードマップを作成すべきである。

発展途上国Bの主張

グリーン経済の主目的は「貧困根絶」にあるべきだ。グリーン経済を目指すことで、結果として自然保護主義になるのを許してはいけない。

さらに、グリーン経済を利用し、援助の条件設定をしてはいけない。先進国はまず、環境に優しい生産方法などの技術を発展途上国に提供し、それに対する資金援助をすべきである。

発展途上国は、自国の状況に応じて持続可能な開発戦略の策定をすべきである。

それぞれの意見について、あなたはどう感じたでしょうか。

先進国Aの主張の要旨は「環境破壊はいけない。環境被害は自国で処理し、責任を負うべきだ」というものです。

一見、正当性のある意見のように感じますが、これまで環境を破壊し続けてきたのは主に先進国です。経済発展を先に遂げたからといって「これからは責任を持って、環境保護に努めるべき」と言うのは虫のいい話かもしれません。

身近な例で言うならば、近年、中国が大気汚染を起こしていることについて多くの日本人が問題視し、迷惑に思っているでしょう。

しかし、日本の高度成長期はどうだったでしょうか。日本が大気を汚染し、中国に影響を与えていたかもしれません。

また一方では、「そろそろ中国も国際的なルールを守るべきステージに達しているだろう」という考え方もあり得ます。

そのように**いったん問題を俯瞰《ふかん》してみてから議論のテーブルに着くことが必要**です。


次は発展途上国Bの主張について考えましょう。

彼らは「環境保護より経済発展が大事」「そのために先進国は支援すべき」という一貫した主張をしています。彼らの置かれた状況を考えれば、当然の主張なのでしょう。

レイチェル・カーソンが世界に向けて提起した「自然を保護しよう」というメッセージはとても価値あるものですが、彼女の主張に傾倒し過ぎると、「先進国の論理」を一方的に押しつける格好になってしまうかもしれません。

しかし、彼らのような「まだまだ発展途上にある国々」は、地球規模での環境保護に参加しなくてもよいのでしょうか。

いくらその主張に正当性があるとしても、「地球環境が壊されている」という事実は変わりません。先進国は、これまで自国が環境を破壊してきた事実があるからといって、すでに危機的状況にある地球環境が今後さらに破壊されることを看過《かんか》してもよいのでしょうか。それで本当に「持続可能な発展」などできるのでしょうか。地球という共通の資源を使い果たし、共倒れにならないでしょうか。

また、彼らが正面切って言うように、そもそも**「先進国は援助すべき」という理屈は通るのでしょうか**。世界的な不況のもと、先進国側も経済的に苦しい状況の国が多数を占めています。

あなたはこの会議で、どんな意見を述べるでしょうか。

時間をかけて考えることで「自分の意見」を持つ

私のクラスでこの演習をやったところ、やはりさまざまな意見が出ました。

たとえば、発展途上国への援助は先進国の義務だと考え、「徹底的に援助したうえで、環境問題に取り組むしかない」という意見です。

いかに先進国の財政が厳しいといっても、儲けている企業はあるし、「明日、食べるものがない」という途上国ほど差し迫った危機ではない。だから援助を増やすべきだ、という主張です。

また別の生徒からは「全体最適という点から見れば、地球環境を保護することは絶対必要。だから、発展途上国もある程度は自国の努力で足並みをそろえるべきだ」という意見が出ました。

途上国の事情はわかるが、その事情を考慮している余裕が地球全体にない。だから、国際ルールを守り、地球環境を保護することはやらなければならない、という主張もありました。

私が受けた印象をあえて付け加えておくならば、彼らはやはり「自然を守らなければならない」と強く思っているようです。

しかしその論理だけでは発展途上国を置き去りにしてしまうので、「個人的には発展途上国を支援する活動を将来的にやっていきたい」と感じている人がたくさんいました。

具体的には「先進国、先進企業からお金を持ってくる」とか「環境に優しい技術を途上国に伝える」などの活動。あるいは、自身が途上国に出向き、食糧問題の解決に携わるというアプローチです。

経済発展か、環境保護か。

この答えの出ない問題に、彼らは彼らなりに落としどころを見つけようとしている。そんな印象を私は受けました。

こうした地球規模で話し合っている問題について、この場で演習をしたからといって、すぐに誰もが納得できる「正解」が得られるはずがありません。ですから、ここでは必ずしも、整合性の取れた意見を求めているわけではありません。

本書でぜひ伝えたいのは、環境保護をすべきだといっても、考慮しなければならない視点がいくつもあるという事実です。その事実を踏まえたうえで、私たちはどう考え、どう行動していくのか。

それは個人の問題であり、企業の問題であり、そして国家の問題でもあります。

「環境保護をしなければいけない」「経済発展が必要だ」で終わりにするのではなく、その前にどんな問題があるのか、ではどういうアプローチがあり得るのかということについて個々人が意見を持っておくことが必要なのです。

4 作品の「向こう側」を見る

これまで私たちは「科学と自然」というテーマについて考えてきましたが、この項では冒頭の質問「芸術は科学ほど必要ではないか？」に立ち戻り、芸術の価値について考えてみたいと思います。

あなたは世の中に「芸術」は必要だと思いますか？

そう質問されると、多くの人が「必要だ」と答えるのではないでしょうか。では、

Q なぜあなたは芸術が必要だと思いますか？

この問いに対する考察がなければ、バカロレアで出題された「芸術は科学ほど必要ではないか？」という問いにも答えることができません。

どんな国にも、どんな民族にも、そしてどんな時代にも、芸術は存在します。

「音楽は言葉より先に存在した」と言われ、「音楽を持たない民族は存在しない」とも言われます。古代遺跡を発掘すれば、実用品以外に、芸術品の類いや壁画を見つけることができます。歴史上、人類のそばには常に芸術があったのです。

なぜ、私たちはそれほどまでに芸術を求めるのか。

そもそも芸術とは何なのか。

そんなことをこの項では考えてみたいと思います。

芸術は「絵」にはない

芸術とは何か。

そんな根源的な問いに対して、あなたはどう答えるでしょうか。

「芸術」を辞書で調べてみると、「美を追究する活動、およびその作品」というような説明がたいてい載っています。

誰かが絵を描いているとしたら、その活動そのものが芸術であり、できあがった作品も芸術であるということでしょうか。

そんな辞書的な解釈とは少し違った視点で芸術を説明した人物がいます。

19世紀後半にドイツに生まれ、20世紀に活躍したマルティン・ハイデッガーという哲学者です。彼の主張は難解で、理解するのは骨が折れるのですが、「芸術とは何か」というテーマにおける彼の主張をかいつまんで紹介しましょう。

ハイデッガーの芸術観を理解するには、何よりもまず「芸術」と「芸術家」と「芸術作品」を分けて考える必要があります。

芸術というのはたしかに存在する。

しかし、それは目に見えないものであり、それを芸術家が芸術作品によって表出させていく。そんな考えをハイデッガーは持っていました。

つまり、芸術家や芸術作品に芸術が存在するのではなく、その根源として芸術は存在するという立場です。

なんだか禅問答のような言い回しですが、よくよく考えてみれば、彼の言わんとすることも理解できるのではないでしょうか。

たとえば、**「真の芸術」というものは、絵画そのものにあるのでも、画家自身にあるのでもない。**「真の芸術」が息づ

マルティン・ハイデッガー
（1889〜1976）哲学者

いているのは、画家が描き出そうとした「思い」や「イメージ」であったり、モデルや風景が持つ匂いや空気感、生き様や手触りのようなものである。

そう言われてみれば、納得できるところも多分にあるように感じます。

美術館で名画を鑑賞するとき、私たちはそこに描かれている風景（あるいは人物、物）だけを見ているのではありません。その作品の裏側、向こう側にある「真理」を感じ取ろうとしています。

その「作品の向こう側にある真理」こそが芸術であり、芸術作品の根源だとハイデッガーは説いたのです。

ハイデッガー的に「芸術性」を感じ取る

彼は『芸術作品の根源』という著書の中で、ゴッホの「靴」という作品を例に、自身の芸術観を説明しています。

この作品には、農夫が使っている古く、くたびれた一足の靴が描かれています。

しかし、**この絵が内包する芸術は、絵そのものにあるのでもなく、古びた靴にあるわけでもありません。**靴を履いて日々労働する農夫の生活、大地の匂い、ボロボロになった靴

この作品の芸術性とは？

フィンセント・ファン・ゴッホ作「靴」
（ゴッホ美術館蔵）

でさえ捨てようとしない愛着など、「古びた靴」の向こう側に潜む真理にこそ「真の芸術」が存在する。

作品を鑑賞する私たちは、作品そのものに感動しているのではなく、その向こう側にある「真理」を感じ取れたとき、芸術のすばらしさ、美しさに打たれ、大きく心が揺さぶられる。

逆に言えば、どんなに精緻《せいち》なデッサンであれ、いかに見事な絵画や彫刻であったとしても、**そこに「真理」を感じ取ることができなければ、それは芸術ではない**（正確に言うなら、そこに芸術は存在しない）。それがハイデッガーの考える芸術です。

これはハイデッガー個人の主張であって、

芸術を定義するものではありません。

とはいえ、あなたが美術館を訪れ、絵画や彫刻などを目にしたときには、ハイデッガーの芸術観をぜひとも思い出し、その作品から「真の芸術性」が感じ取れるか、意識してみてほしいと思います。

ハイデッガー的に言うならば、作品の向こう側にある「真理」「芸術」を感じ取れたとき、きっとあなたは感動するでしょうし、そうやって初めて作家は芸術家となり、その作品は芸術作品となり得るのです。

また、自然を描いた芸術作品は自然そのものに本当に劣るのか、ぜひ考えてみてください。

5 「人間性」を取り戻す

芸術とは何か。そして、芸術の価値とはいったい何なのか。

そんなテーマを引き続き考えていくにあたり、日本を代表する芸術家の一人、岡本太郎の主張も紐解いてみたいと思います。

岡本太郎は1911年に生まれ、若い時代をフランスで過ごし、1940年に帰国しています。フランス時代はもちろん、帰国後も精力的な創作活動を続け、大阪万博のために制作された「太陽の塔」はとても有名です。1996年に亡くなりましたが、いまなおファンの多い日本を代表する芸術家の一人です。

岡本太郎は自身の著書『今日の芸術』のなかで「**芸術は、ちょうど毎日の食べものと同じように、人間の生命にとって欠くことのできない、絶対的な必要物、むしろ生きることそのものだ**」と語っています。

さらに彼は「すべての人が現在、瞬間瞬間の生きがい、自信を持たなければいけない、そのよろこびが芸術であり、表現されたものが芸術作品」だとも述べています。

つまり、芸術とは「生きることそのもの」であり「生きる喜び」であると、岡本太郎は捉えていたのです。

生きることそのものが芸術。そう考えると、有史以来、私たちの生活のすぐそばに芸術があったことも納得できます。

あなたが日々感じる喜びこそが「芸術の正体」であり、それを表現したものが芸術作品である。それが岡本太郎の立場です。

そのため岡本太郎は「芸術家」を特別な存在だとは考えていませんでした。人は誰でも、その本性では芸術家であり、天才である。ただし、こびりついた垢《あか》に覆われて、本来の姿を見失っているだけだと捉えていました。

芸術は何の役に立つのか?

現代社会に生きる人の多くは「生きる喜び」(すなわち芸術)を失っていると岡本太郎は指摘します。

社会が成熟していくに従って、生産力は向上し、作業はどんどん分化していく。すると生きる喜び、働く喜びとはかけ離れた状態となり、まるで人が一つの部品のように扱われ、「働かされる」ようになっていく。それは人間の本来的な生活から離れていくことだと岡本太郎は警告します。

たしかに、科学技術が発達し、社会が成熟していくと、人の生活は豊かになります。電気冷蔵庫や自家用車を持つようになれば、それだけ生活は楽になります。

しかし、そんな「外からの条件」ばかりが自分を豊かにするのではない。本当に必要なのは、外からの条件によって振り回されることではなく、自分の中から自分自身の生き方を見つけ、生きていく力をつかむことだ。言い換えれば、それは「自分自身を創ること」なのです。

そして、「失われた人間性」を取り戻し、「自分自身を創る」ために芸術は存在すると彼は芸術の意味を定義しました。

「失われた自分を回復するためのもっとも純粋で、猛烈な営み」とも表現しています。

それこそが岡本太郎の考える「芸術の役割」なのです。

岡本太郎の創作活動からは、産業や科学技術の発達に抗《あらが》い、人間らしさを取り戻そうとする荒々しい力が感じられます。

岡本太郎
(1911〜1996)芸術家

科学技術や国力を競い合うはずの大阪万博で、科学とは無縁の、人間的で自然を強く意識した作品「太陽の塔」をつくったのも、「科学信奉へのアンチテーゼ」の意味が込められていると言われています。

芸術とは、人間らしさを取り戻すためのもの。

そんな岡本太郎の芸術観、あなたはどう感じるでしょうか。

科学は人から「時間と労力」を省いた

岡本太郎に続いてもう一人、今道友信《いまみちとものぶ》という日本の哲学者の「科学技術と芸術」に関する主張をここで紹介したいと思います。

今道は『エコエティカ』という著書の中で、科学技術の成果について「時間と労力を省いたこと」を挙げています。

たとえばリフトやエレベーターを使うと、ボタンを押すだけで、重い荷物を持ったままでも、疲れることなくビルの何十階という高さまで一分くらいで上がってしまう。**科学技術とは「プロセスをできるだけ少なくして、結果を大きく獲得**

今道友信
(1922〜2012)哲学者・美学者

しようとすること」だと彼は考えました。

そうした科学技術の進歩は「肉体的に恵まれない人のハンディキャップを減らすことに貢献している」と今道は評価します。体力的に山登りができない人であっても、ケーブルカーやロープウェイによって、登山者と同じように頂上からの眺望を楽しむことができるようになりました。

芸術は人に「時間」を味わわせる

しかし彼も、科学技術の進歩を手放しで評価したわけではありません。

（ロープウェイなどにより）徒歩登山する風習が一般的にはなくなり、その経過の中で知らず知らず養われた相互扶助の友情や忍耐心、耐久心、勇気などの徳の訓練がなされなくなるという傾向は否定できません。

「科学技術がプロセスを省いたことで、これまではプロセスのなかで自然に育まれてきたもの（友情や忍耐など）が失われてしまった」と彼は指摘したのです。

さらに彼は「人間にとって大事なのは時間性であり、科学技術が時間性を圧縮するということは、人間の本質を虚無化させる方向へ働く」と言います。

私たち人間が「人間らしく」いられるのは時間性のおかげであり、科学技術が時間を短縮すると便利にはなるけれど、そのことにより「人間の本質」「人間らしさ」というものが損なわれる危険性がある。そんなことを言いたかったのだと私は解釈しています。

たしかに、科学技術が進むにつれて、移動するのは楽に、速くなりました。情報の伝達速度は増し、情報量そのものも急激に増加しました。電話ができれば直接会って話す必要はなくなり、メールがあれば声を発してコミュニケーションする必要すらなくなりました。

私たちの生活は、あらゆる面で効率的になったのです。

しかし、**その進歩は時間性を圧縮することにつながり、時間性を失うことで、人間は「人間らしさ」を失っていった**というわけです。

そんな人間を「人間らしい方向」へと引き戻してくれるのが、芸術による美的体験だと、今道は述べています。

美術館が好きな人は多いですが、なぜ美術館がいいのかというと、絵画を鑑賞しながら、ゆったりとした時間を味わえるということがあるのではないでしょうか。

クラシックのコンサートに行くのも「好きな音楽家の演奏を生で聴きたい」ということと同時に、そこで味わえる「時間」を大切にしたいという人も少なくないでしょう。

日々、忙しい日常を過ごしている人が、芸術を前にしてゆったりとした時間を過ごす。そこには「人間らしい自分に戻る」「人間が本質的に持っている感覚を呼び戻す」という効果があるのです。

私自身、分単位のスケジュールをこなし、忙しく過ごしている日も多いのですが、美術館でお気に入りの絵を見つけると、1時間くらい眺め続けてしまうことがあります。

しかし、その時間を無駄だとは思いません。目に見える成果はないかもしれませんが、心身に充実を覚えます。絵画に限らず、彫刻でも、音楽でも、圧倒的な自然を前にしたときでも同じです。

今道が言うように、そんな美的体験が私たちに「失われた時間性」を取り戻させてくれるのであり、岡本太郎が言うように「人間性を回復させてくれる」のでしょう。

それこそが、現代における芸術の価値である。

そんな彼らの主張、あなたはどう感じるでしょうか。

そして、あなたが考える「芸術の価値」とは、いったいどんなものでしょうか。

芸術は科学技術より大切でしょうか。

practice

伝統文化を「事業仕分け」する

本書で最後に実施する演習は「事業仕分け」です。

テーマは「伝統文化を保護すべきか」。

実際、2009年には「伝統文化こども教室事業」が事業仕分けの対象となっています。簡単に言えば、伝統文化を子どもたちに見せたり体験させたりする事業に対して「それほど予算を使わなくてもいいのでは？」という疑問の声があがったということ。

さらに2012年には、大阪の橋下市長が「文楽協会への補助金を凍結する」と表明したことが話題になりました。いわゆる「文楽」とは人形浄瑠璃《じょうるり》のことで、江戸時代から続く伝統芸能です。

文楽に限らず、日本には多くの伝統芸能があります。

歌舞伎、能、狂言などは有名ですし、日本舞踊、音楽などのジャンルを含めれば、じつにたくさんの芸能が存在します。

しかし、それらの伝統芸能がいまなお盛んに行われているかと言えば、必ずしも状況は芳《かんば》しくありません。時代の変化によって芸能の流行が変わっていくのは当然ですし、人気が低迷すれば、興行的に苦しくなるのは当たり前。国や自治体の保護がなくては存続できないという状況に陥ることもめずらしくありません。

また、芸能に限らず、日本には茶道、華道などの伝統文化も数多くありますが、なかには存続、継承に苦慮《くりょ》しているところもあります。

国や自治体に財政的に十分な余裕があれば、保護すべきか否かなどという議論にもならないのでしょうが、いまは国も自治体も財政が逼迫《ひっぱく》しているのは誰もが知っている通りです。

さあ、ここからが問題です。

Q あなたは、経済援助なしには生き残れない伝統文化を保護すべきだと思いますか？
それとも、保護すべきではないと考えるでしょうか？

それが今回の演習です。

その文化を「永久に」断ち切っていいのか？

この演習は私のクラスでも実施しましたし、同じテーマでさまざまな人に意見を聞きもしました。その一例をここに挙げておきましょう。

まずは「保護すべきではない」という意見です。

そもそも「興行的にうまくいっていない」というのは大きな問題だ。興行がうまくいっていないというのは、現代の人たちに受け入れられていない証拠。もっと言えば、「必要と思われていない」ということだ。

そんな状態であるにもかかわらず「伝統だから」「何百年も続いているから」という理由だけで多くの予算を注ぎ込んでいたら、お金がいくらあっても足りない。

伝統文化や伝統芸能を軽視しているのではなく、自助努力が必要だということ。たとえば「スーパー歌舞伎」のように、現代の人にも受け入れられようと努力、工夫をすることで継承している伝統芸能もたくさんある。その努力と工夫を怠《おこた》っておいて、「経済援助をしてほしい」というのはとうてい受け入れられない。

なかなか厳しい意見です。文楽問題の際、橋下市長も「マネジメントの見直し」を協会側に強く要求しました。時代の変化があるとはいえ、自分たちで興行を成り立たせる努力、工夫をするのが、資本主義社会では当たり前だという意見はあって当然です。

しかし、**本当に、そんな経済の論理だけで割り切ってもいいのでしょうか。**

続いては、「保護すべき」という人の意見も聞いてみましょう。

「興行的にうまくいかないから」「ビジネスとして成り立たないから」という理由で、伝統文化、伝統芸能を保護しなかったら、「日本独自の文化」はどんどん衰退してしまう。

オペラやミュージカルのような西欧の演劇の人気が上がり、日本古来の演劇人気が低迷したら、日本の演劇は滅びてしまっていいのか。アロマテラピーやフラワーアレンジメントの人気が出たら、茶道や華道が衰退していってもいいのか。

資本主義の原理に基づき「ビジネスとして成り立たせるべき」という発想も必要だが、その論理を超えて保護すべきものはあるはずだ。

まして「ビジネスとして成り立たない」というのは、あくまでも「現代を生きる人たちの趣向」であって、そのわずか何十年かの感覚を理由に、何百年、千年と続いている文化を失ってしまうのは日本としても大きな損失。

日本（あるいは日本人）が世界に対して存在感を示すためにも、日本という国が持っている文化や伝統をなくしてしまってはいけない。欧米の音楽、演劇などの文化に人気が集まるからといって、日本の文化を手放してしまったら、それこそ日本は独自性を失い、存在価値は低下する一方だ。


これもまた説得力のある主張です。

いま儲からないからといって「価値が低い」とは言い切れません。**ビジネスの理屈だけで日本文化を切り捨てていったら、日本人のアイデンティティまで薄れていくかもしれません。**

この先、日本古来の文化、芸能が人気を博す日がくるかもしれませんし、世界の人たちがその価値を再発見し、「日本ブーム」が起こることだって十分に考えられます。

あるいは、2020年に東京で開催されるオリンピックのオープニングセレモニーのように、日本の文化、芸能を表現すべきときに、その文化がまったく継承されていなかったら、それはそれで問題ではないでしょうか。

この演習では「伝統芸能」の話を主にしていますが、法隆寺や東大寺のような建造物、古くからある仏像、如来像《にょらい》などの文化遺産における保護や修復を自前の費用でまかなえないとしたら、国や自治体は援助すべきなのでしょうか。

そんな問題にも発展しそうなテーマです。

国や自治体のお金にも限りがあるので、何もかも保護するわけにはいきません。

すると今度は、伝統や文化のなかでも「何を守り、何を守らないのか」という新たな議論が生まれます。 その線引きはどうするのか。

本書の演習がすべてそうであるように、これもまた簡単には答えの出ない問題です。

しかしだからこそ、あなたがここで真剣に向き合い、考えるというプロセスを通じて自分の意見を持つことが重要なのだと私は思います。

伝統文化、芸能は保護すべきか、そうでないのか。

以上の議論を踏まえて、あなたはどんな考えを持ち、どんな意見を述べるでしょうか。

column

「答えの出ない問題」に答えを出す

第5章は「科学技術と自然保護のどちらが大事か?」というテーマで話を始めました。環境サミットの演習をやったあなたなら、「いかに答えの出ない問題なのか」を痛感していただけたと思います。

こうした問題は、必ずしも二者択一で答えを探すべきとは限りません。

たとえば、電気自動車のように「**科学技術の進歩によって、自然保護の問題を（おまけにエネルギー問題も）一緒に解決してしまおう**」という発想を持っている人は世の中には大勢います。

私の友人で、テラモーターズの社長である徳重徹さんもそんなイノベーターの一人です。テラモーターズでは、シニア向けの安全な電動自動車（バイクのような四輪車）を開発したり、アジア諸国をメインターゲットにした電動バイクの開発をしています。

聞けば、世界のガソリンバイクの80％はアジア諸国で売られており、その大気汚染が原因で、ベトナムでは毎年1万6000人もの人が亡くなっているといいます。それだけ自然破壊が進んでいるということです。たしかに、東南アジアへ行ったり映像を見たりすると、道幅いっぱいにバイクが走っているさまをよく見かけます。

といって、「大気汚染がひどいから」という理由で、彼らからバイクを取り上げるわけにもいきません。

そんなとき、二者択一の発想であれば「バイクに乗って利便性を取るか、バイクを捨てて健康や自然保護を取るか」という考えに陥ります。

しかし、そこで発想を広げて「大気を汚染しないバイクがあったらどうだろう」と考えることこそ、イノベーションを起こす第一歩。

そんな一つの事例をテラモーターズは示していますし、それを日本の企業がやっているということも、とても誇らしく感じます。

おわりに――グローバルリーダーに必要な「教養」

私は本書で「答えの出ない問題」をいくつもあなたに投げかけてきました。

自由と平等はどちらが大事か。
資本主義と社会主義はどちらが人を幸せにするのか。
政府は市場経済に介入すべきか、否か。
科学技術の進歩と自然保護はどちらが大事なのか。

これらの問いを投げかけた裏には「どちらかを選んでほしい」という思いがあったわけではありません。むしろ、こういった答えの出ない問いに対し真剣に向き合うことで、第三の視点を見つけ、イノベーションを起こしてほしいという強い思いが私にはあります。

本書を読んだあなたは、さまざまな知識を得ると同時に、いろんなことについて考えながら、あなた自身の価値観を確認し、哲学をより強固にしてきたと思います。

それこそが、私が本書の冒頭で訴えた「本物の教養」です。

そして、今度はその教養を武器にして、国内外の多くの人たちと意見を交換し、白熱した議論を繰り広げてほしいと思います。

その議論の中では、「何であの人はそんな考え方をするんだ」「いったい、どんな感覚をしているのだろう」と疑問を覚え、ときに憤慨することもあるでしょう。

しかし、そんな多種多様な人同士がコミュニケーションするからこそ、さらにあなたの思考力が鍛えられ、「新しいもの」が生まれるのだと、私は信じています。私のスクールInstitution for a Global Society（ＩＧＳ）の学生が目指す「世界で競争し、共創することで新たな価値を創る」人材です。

ＩＧＳで中高生が自らの価値観を明確化させるために活用しているGlobal Leader Map®（左頁の図）を埋めていただくのも有効な手段かと思います。マップ上の多くの項目が本書でカバーされています。

ぜひとも「本物の教養」を身につけ、グローバル人材として世界のどこへ行っても「ユニークな存在」として輝きを放てるような人になってください。

さあ、あなたらしく、世界の舞台へ！

自分の価値観を発見する

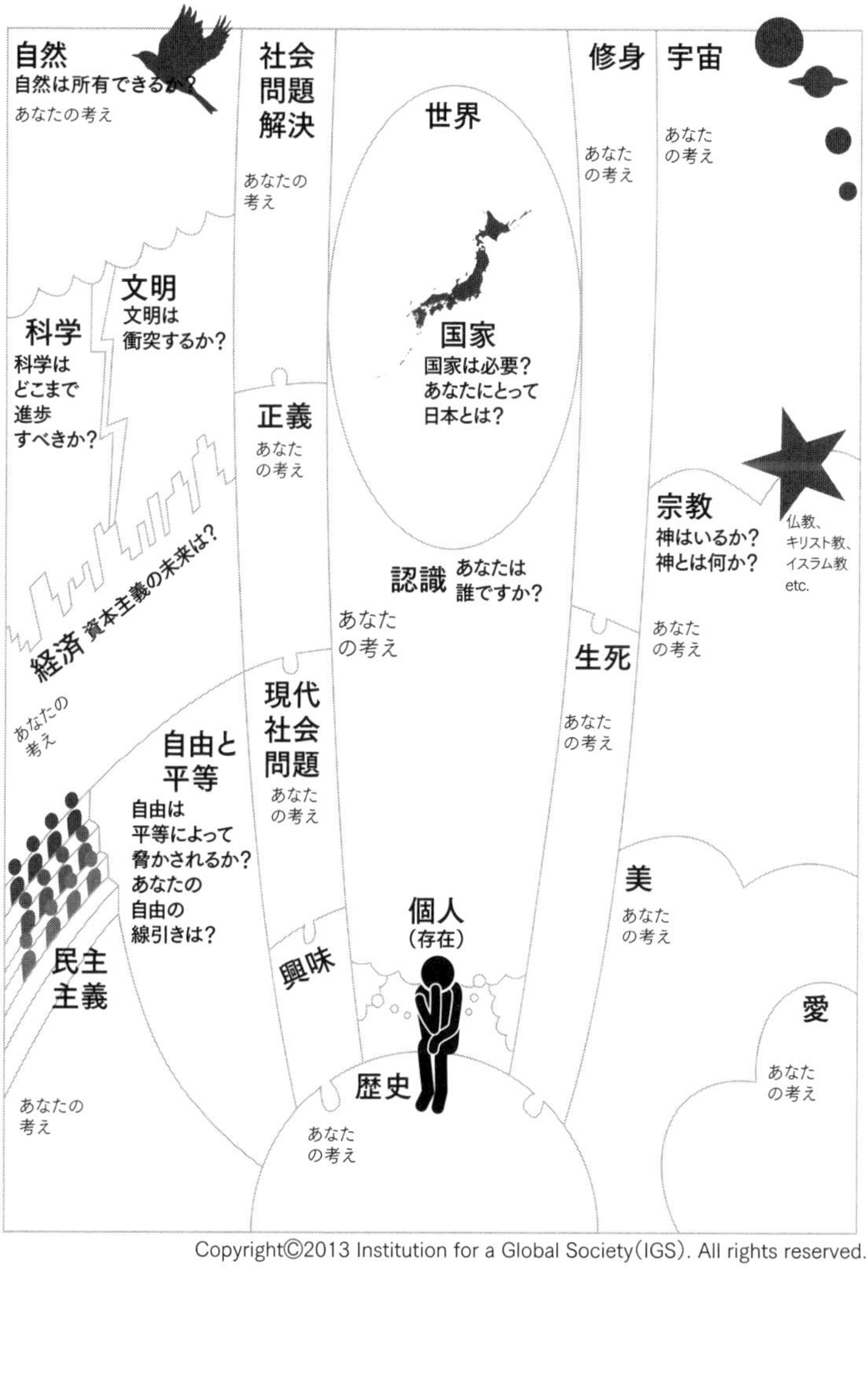

写真協力：
©amanaimages（P.29, P.99, P.187, P.201, P.241）
©kyodonews/amanaimages（P.45, P.101, P.103, P.247, P.248）
©Bettmann/CORBIS/amanaimages（P.135, P.195）

福原 正大（ふくはら・まさひろ）
Institution for a Global Society（IGS）株式会社代表取締役。慶應義塾大学卒業後、1992年に東京銀行に入行。INSEADにてMBAを取得。グランゼコールHECで国際金融の修士号を最優秀で取得。筑波大学博士（経営学）取得。2000年、世界最大の資産運用会社バークレーズ・グローバル・インベスターズに転職。欧米のトップスクール教授陣で構成されるグローバルチームで為替の研究と戦略を構築。35歳にして最年少マネージングダイレクター、その後日本法人取締役に就任し、ニューヨーク証券取引所でオープニングベルを鳴らす。2010年、世界のトップスクールを目指す学生対象のグローバルリーダー育成スクールIGSを設立。著書に『なぜ、日本では本物のエリートが育たないのか？』（ダイヤモンド社）など、IGSとしての著書に『目指せ日米トップ大学ダブル合格』（Z会）がある。

ハーバード、オックスフォード…
世界《せかい》のトップスクールが実践《じっせん》する
考《かんが》える力《ちから》の磨《みが》き方《かた》

2013年11月1日　第1刷発行
2013年11月25日　第3刷発行

著者　福原正大《ふくはらまさひろ》
発行者　佐藤靖
発行所　大和《だいわ》書房
東京都文京区関口1-33-4
電話　03-3203-4511

装幀　水戸部功
編集協力　飯田哲也
本文DTP　荒井雅美（トモエキコウ）
本文印刷　シナノ
カバー印刷　歩プロセス
製本所　ナショナル製本

ISBN978-4-479-79417-2

http://www.daiwashobo.co.jp